W0182449

DYLAR
ediciones

Sin el permiso previo y por escrito de los titulares
del copyrigh, queda rigurosamente prohibida
la reprodución total o parcial
de esta obra por cualquier medio o procedimiento,
incluidos la reprografía y el tratamiento informático.
Podrán emplearse citas literales
siempre que se mencione su procecencia.

Ilustración
Ángel Fernández

Diseño
Alfonso Méndez Publicidad

Impresión
Brosmac, S.L.
Villaviciosa de Odón (Madrid)

Depósito Legal: M-2340-2008

ISBN: 978-84-89655-34-8

© Ana-María Romero Yebra

© de la edición en castellano
DYLAR ediciones
Tel.: 902 44 44 13
e-mail: dylar@dylar.es
www.dylar.es

El memoriápodo

ANA-MARÍA ROMERO YEBRA

DYLAR ediciones

Ana-María Romero Yebra

Ana-María nació en Madrid, pero en el año 81 se trasladó a Almería, donde realizó tres cursos de cerámica, tras los cuales participó en distintas exposiciones colectivas e individuales por toda España.

En cuanto a la literatura, pronto empezó a participar en Jornadas, Encuentros, Talleres, Congresos... todo para fomentar la literatura infantil. Ha publicado una docena de libros en distintas editoriales, ha sido premiada varias veces (el más reciente es el Premio Diputación de Guadalajara, 1994, por su poemario *Mirando escaparates)*. También colabora con los medios de comunicación almerienses y ejerce como maestra en un barrio marginal de la ciudad en la que vive.

Rellena tu ficha

La autora de *El memoriápodo* se llama .... y, aunque nació en Madrid, ahora vive en ....

Su primera afición fue la .... y ha realizado varias exposiciones por toda España.

Suele participar en Jornadas, Talleres y Congresos para el .... de la .... infantil.

Ha publicado .... libros, y también escribe ...., como los que recibieron el premio de la Diputación de Guadalajara. Además, trabaja como............. .... en Almería.

I

El potito

Cuando Santi llegó del colegio su madre estaba esperándole. Se había puesto el vestido azul, el nuevo, y los zapatos de tacón.

Nada más verle entrar cogió el abrigo del perchero y, mientras se metía las mangas, le dijo:

—Te he dejado la merienda en la cocina. Me voy al dentista, que no sé si hoy por fin me empastará la muela, así que no puedes salir ni hacer los deberes en casa de Luisito hasta que yo vuelva. Tienes que quedarte con Rosi.

—No, si no pensaba salir. Mañana me preguntan las tablas de multiplicar salteadas y no me las sé; tengo que estudiármelas esta tarde. La señorita Clara dijo que como me equivocara, me las haría copiar cien veces en el recreo.

—¡Qué barbaridad, Santi! ¡Con la de veces que papá y yo te las hemos preguntado! ¿Es que no te las has podido aprender todavía?

—Sí, mamá. Pero es que se me olvidan...

—¡Qué desastre! Bueno, ten cuidadito con todo y no se te ocurra abrir a nadie, ya sabes que papá tiene llave. Además, hoy no vendrá hasta las nueve; ha llamado hace un rato y seguramente llegaré yo antes que él. A ver si acabo rápido; no creo que me entretenga mucho este hombre con la muela.

Siguió hablando mientras se abrochaba el abrigo. Santi pensó que su mamá se había puesto muy guapa. Era una mamá guapa.

—Rosi está durmiendo, así que no hagas ruido para que no se despierte antes de tiempo y podrás estudiar las tablas más tranquilo. Cuando la oigas lloriquear, la levantas con cuidadito, le das la merienda y la metes en el parque. ¿Entendido?

—Sí, mamá.

—Aunque esté con pipí, no le hagas nada, no vaya a ser que se te caiga.

—¿Dejas preparada su merienda?

—Sí. El potito está en agua caliente en el cazo. Que se lo coma todo y si ves que tiene sed, le das un biberón de leche detrás o un poquito de zumo.

—Bueno, no te preocupes. No voy a hacer ruido ninguno, ni pondré la tele. Voy a estudiar. A lo mejor cuando vuelvas está durmiendo aún.

—¡Ojalá! Bueno, hasta luego.

* * *

A las ocho y cuarto, con la muela empastada, volvió Rosa, la madre de Santi. Nada más salir del ascensor escuchó el llanto de la niña a través de la puerta cerrada de su casa.

—¿Qué ocurre, Santi? –preguntó entrando apresuradamente.

—¡Nada! ¡Qué va a pasar! ¡Que Rosi es una pelma! Me he pasado toda la tarde con ella en brazos y no ha parado de berrear. ¡No he podido estudiar nada! ¡Menudo tostón! ¡No sé qué le pasa!

—¿Se ha hecho caca?

—¡Qué va! ¡Ya la miré! Debe ser que no está acostumbrada a que la dejes sola. Seguro que te extrañaba.

Rosi seguía hipando en brazos de su madre con un enorme desconsuelo.

—¡No digas tonterías, Santi! ¿Cómo me va a extrañar? ¡Pues anda que no se pasa ratos despierta en la cuna y en el parque, sola, sin que le haga ni caso! A ver si es que le duele algo... ¡Pobrecita! ¡Con lo que te quiere mamá! ¿Qué te pasa, chiquitina?

Pero la niña seguía llorando y llorando a más no poder.

—Es muy raro. A ver si es que le ha hecho daño la merienda y tiene gases... ¿A qué hora se tomó el potito?

—¿El potito? –preguntó Santi.

—Sí, hombre. A lo mejor se ha empachado si comió muy deprisa. ¿O le diste sólo la leche? –insistió la madre.

Santi se sintió totalmente perdido. Bajó los ojos para contestar.

—No se lo di, mamá. No le di nada. Se me olvidó.

—¡Pobre hija mía! ¡Por eso llora! ¡Angelito! ¡Muerta de hambre es lo que está, la pobrecita! ¡Qué barbaridad, Santi! ¿Cómo puedes ser así? ¡No acordarte de darle la merienda a tu hermana! A que tú sí te comiste el bocadillo, ¿eh? ¿A que sí?

Santi estaba completamente avergonzado. No sabía qué decir ni qué hacer.

—Es que... Mira mamá... Cuando yo merendé no se había despertado, luego la levanté, la puse en el parque y nada, venga a llorar, que no paraba. Y eso que me puse a jugar con ella y la tuve todo el tiempo en brazos. Lo que te digo, que no me ha dejado estudiar nada. ¡Menuda lata de niña!

—¡Cállate! ¡Cállate y vete ahora mismo a tu habitación! ¡Coge las tablas y desaparece de mi vista, que te voy a dar dos tortas que verás! ¡Pobrecita mía! ¡Qué malo es el nene! ¿Verdad? ¡Menos mal que ha vuelto mamá, que si no este bruto te mata de hambre!

En cuanto la primera cucharada del potito le llegó a la boca, la pequeña Rosi dejó de llorar. Y se tomó después todo el biberón lleno hasta arriba. Luego volvió a dormirse, agotada por la rabieta.

* * *

—No sé lo que vamos a hacer con Santi –dijo preocupada Rosa a su marido–. ¡Mira que olvidarse de darle la merienda a la niña! ¿Tú crees que eso es normal?

—¡Claro que sí, mujer!

—Pues yo creo –insistió Rosa– que a este niño le pasa algo raro. Voy a llevarle al médico.

—No hace falta, no te preocupes. Él anda a lo suyo y tiene la cabeza ocupada con las tonterías de los chicos de su edad: el fútbol, los cromos, las cosas de la escuela, los amigos... Ha sido un despiste tonto. No le des más vueltas.

—Sí, sí. ¡Un despiste, un despiste! ¡Quisiera que hubieras visto a la pobrecita Rosi! ¡Se tiraba como una leona al potito! Este niño no está bien, te lo digo yo. Sigue sin saberse las tablas. Hoy se las ha estado estudiando.

—¿Otra vez?

—Sí, chico, otra vez. Dice que se le olvidan. ¡Y está así desde el curso pasado!

—¡Qué barbaridad! ¡No saberse las tablas!

—A lo mejor la culpa es nuestra. Deberíamos ayudarle más con las cosas de la escuela, pero yo estoy liadísima con Rosi y tú llegas siempre tan tarde... El caso es que nos ocupamos poco de sus estudios y es un desastre total. Yo creo que esta primera evaluación la suspenderá igual que la del final del curso pasado, porque a estas alturas todavía con las tablas... Por lo que me dice de las notas, no creo que ocurra un milagrito de aquí a Navidad.

—No sé. Igual se espabila –dijo el padre esperanzado, pero sin ninguna convicción.

—Yo pienso que, si sigue como hasta ahora, deberíamos llevarlo al médico o al psicólogo. Que lo vea por lo menos don Antonio, porque lo que está pasando no es normal.

—Que no, mujer, que son cosas propias de la edad. No te preocupes.

* * *

Pero Rosa estaba preocupada y una tarde se fue con Santi al médico. Don Antonio conocía a Santi desde su primer resfriado y le dijo que todo aquello le parecían bobadas.

—No, Rosa, no le pasa nada. El niño está perfectamente. Son baches que se pueden presentar en la evolución física y carecen de importancia. Seguramente ha empleado casi toda su energía en crecer y eso le afecta a la capacidad de concentración y parece que le falla la memoria.

—Pues yo no estoy tranquila, don Antonio, por eso lo he traído. Es que se le olvida todo: las botas de fútbol aunque tenga partido, el pegamento y las tijeras las tardes de manualidades en el colegio, lo que le mando subirme del supermercado... Trae unas notas malísimas y nos tiene aburridos, porque no aprende nada. Ni mi marido ni yo sabemos qué hacer.

—Es que no hay que hacer nada. Tranquila, Rosa, que si os ve preocupados será peor. Deja que las cosas sigan su curso. Yo le veo muy bien –prosiguió el doctor–. A veces los niños tienen cierto rechazo a la escuela y no aprenden.

—Pero si él va muy contento al colegio –insistió la madre–. Y quiere mucho a su maestra.

—Si es feliz y está integrado con vosotros y en la escuela, olvídalo, Rosa, que no tiene importancia. Come bien, ¿verdad?

—Muy bien. Además le gusta comer de todo.

—Vale. Pues que siga así y no os preocupéis. Cualquier día os dará una sorpresa y se aprenderá las tablas de cabo a rabo. ¿Verdad, Santi?

—¡Claro que sí! ¡Ya casi me las sé! –contestó el niño rápidamente.

—Otro día que vengas te las pregunto –bromeó el médico–. A ver si es verdad.

La visita a don Antonio, en el cual tenían plena confianza, tranquilizó un poco a los padres de Santi. ¡Ojalá que el médico no se equivocara!

* * *

Don Antonio se equivocó y en las semanas que siguieron Santi continuó olvidándose de las cosas: del bocata para el recreo, de los recados que su madre le mandaba hacer... incluso un par de veces se había levantado muy temprano en domingo creyendo que tenía que marcharse a clase.

¡Se le había olvidado que los domingos no hay colegio!

Rosa estaba realmente preocupada. No había quien librara a Santi del sermón siempre que le daba la lista del supermercado o le metía el bocadillo en la mochila para que no se lo dejase en casa.

—¡Es que no pones ninguna atención en lo que haces, niño! ¡No creas que voy a andar siempre detrás de ti! ¡Tienes que ser más responsable!

—Sí, mamá –decía Santi resignado.

—¿Qué tal los problemas? ¿Te los explicó papá anoche?

—Sí, sí. Pero luego me saca la seño a la pizarra y no sé lo que me pasa, que se me olvida cómo se hacen...

—Eso no puede ser, Santi. Yo creo que te distraes con una mosca que pase y no haces caso a papá tampoco.

—¡Que no! ¡Que en clase me pasa lo mismo! Cuando la señorita Clara explica las lecciones, me parece que estoy aprendiendo mucho, pero en cuanto ella deja de hablar, no me acuerdo de casi ninguna de las cosas que nos ha dicho.

—¡Pues sí que estamos arreglados! ¿Me estás preparando para unas malas notas o qué?

—No se mamá. El otro día, el control de «Mates» me salió muy flojo; es que no me sé bien las tablas. Y en Conocimiento del Medio no me acordaba de los nombres de los planetas, solo escribí dos... Ni del rollo de la traslación esa de la Tierra que nos puso...

—¡Cualquier día se te olvidará hasta cómo te llamas! ¡No sé qué voy a hacer contigo! Anda, anda. Dame un beso y vete, que vas a llegar tarde al colegio.

2

Cifras y letras

Luisito llegó aquella tarde a casa de Santi para jugar un rato. No llevaba el coche teledirigido como otras veces, sino una caja muy grande.

—¿Qué traes ahí? –preguntó Santi al abrirle la puerta.

—Es el juego de «Cifras y letras». Me lo ha regalado mi padrino que vino el sábado a vernos y a comer con nosotros.

—¿El juego de «Cifras y letras»? ¿Como el concurso de la tele?

—¡Claro! Es un juego igualito. En casa lo hemos pasado muy bien jugando ayer. La verdad es que arrasé y les gané a todos.

A Santi le pareció normal. Su amigo era la mar de inteligente. Y cuando alguna vez habían visto juntos el programa adivinaba las palabras o los números rápidamente; a veces antes que los propios concursantes que aparecían en la pantalla...

—¡Mamá! –avisó Santi– ¡Que estoy con Luis jugando en mi habitación!

—¡Vale! –se oyó la voz de Rosa que bañaba a la niña–. Pero nada de revolver, ¿eh?

—¡Que no, *ma*! Vamos a jugar a «Cifras y letras» –aclaró por el pasillo adelante. Luisito le seguía con su caja.

Santi tenía un poquitín de envidia de Luis. Era un crío con suerte. Jugaba al fútbol de maravilla, era simpático y además sacaba unas notas estupendas porque era muy listo.

En su familia estaba muy considerado. Su padre le daba veinte duros por cada estrellita de «destaca» que trajera en las notas y cada vez que llegaba con un control de «sobresaliente» le hacían un regalo. Así es que tenía un montón de juguetes y caprichos.

Pero era un chico estupendo. No se daba ninguna importancia. Y eso que la señorita Clara siempre decía en el colegio, cuando repartía los boletines o los controles corregidos, lo orgullosa que estaba de él. Bueno de él y también de Vero, pero a Santi Verónica le caía fatal porque se lo tenía muy creído.

Santi pasaba de ella, decía que era una empollona. Además era dentuda y fea, y llevaba un aparato en la boca que hacía que casi todo lo pronunciara con la «f» y soltara al hablar pelotillas de saliva.

—Oye, Santi –dijo Luis–. Necesitamos otros para jugar. ¿Tu madre podría hacer de Elisenda?

—¿De qué? ¿Qué dices?

—De Elisenda. De presentadora, vamos. Es que se llama Elisenda la de la tele....

—¡Ah! Se lo podemos decir. Pero no creo. Está bañando a Rosi.

—Pues si no, hay que irse a buscar otro amigo. Se lo podíamos decir a Daniel y a Pepito. ¿Los llamamos por teléfono? Seguro que les apetece venir...

—¡Sí, hombre! Y luego la bronca es para mí por meter tanta gente en casa.

—Pues tú y yo solos es muy aburrido, porque uno tiene que ser el presentador y el otro juega solo; no hay competidores.

—Es igual. Así me enseñas a mí, que ya casi no me acuerdo de qué va la cosa.

—Tú vas pidiéndome letras, consonantes o vocales. Yo te las voy diciendo y con ellas tienes que formar palabras lo más largas posible. Si puedes meter todas las letras, mejor.

—¡Ah, sí! ¡Ya me acuerdo! –se aclaró Santi–. Vete sacando. Me pido vocal.

—La A.

—Consonante.

—La M.

—Otra vez vocal.

—La O.

—Vocal.

—Vale. La I.

—Consonante.

—La R.

—Consonante.

—La N. ¡Ya está! –exclamó Luis–. A ver, Santi, qué palabras formas.

Santi vio las letras que le bailoteaban delante de los ojos. A él aquello no le parecía nada.

A M O I R N

—¡Oye, tío, que a mí me parece que esto es dificilísimo!

Las cambió de posición. Pero ni por ésas.

I R N O M A

—Te digo que no me sale.

—¡Jo, macho, qué plasta eres! ¡Si está chupao! ¿Es que no lo ves?

Santi le dio otra vuelta a las letras. No veía ninguna palabra que pudiera formarse.

Las cambió nuevamente de sitio.

M O N I R A

¡Qué dificilísimo era aquello! No tenía ni idea...

Al cabo de unos segundos, Luis decidió ayudarle.

—Es que no te fijas, pero salen muchísimas palabras... amor, mira, marino...

Santi volvió a intentarlo un par de veces, pero no daba una. A fuerza de insistir logró que le saliera una de cuatro letras en uno de los lotes. Y le pareció un triunfo. Con las cifras no quiso ni intentarlo.

Estaba claro que si él no era tan listo como su amigo Luis, tendría que practicar para coger soltura. Lo mejor era tener el juego. Seguro que desde el sábado Luisito había jugado mucho.

Cuando llegó el padre de Santi, Luis se marchó. Después de cerrar la puerta, Santi se quedó un poco desanimado y entró en la cocina pensativo. Su madre hacía tortilla de patatas –su plato favorito– para la cena.

—Mamá –preguntó–. ¿A ti qué te parece lo de «Cifras y letras»? ¿Crees que se aprende con el concurso?

—No lo he visto muchas veces, pero creo que es interesante. ¿Por qué lo preguntas?

—Es que a Luis le ha regalado el juego su padrino y es muy chuli; creo que se lo voy a pedir a los Reyes. Y si no me lo echan, me lo regalas para mi cumpleaños en febrero.

—Puedes jugar con Luisito. Como lo tiene él...

—No, no. Es que lo necesito para practicar porque no me salen las palabras. ¡Es dificilísimo! En cambio a él le salen un montón ¡Y larguísimas!

—Bueno. Ya veremos. Ahora pon la mesa y déjate de juegos, que tú lo que tienes que hacer es estudiar más. Veremos primero qué notas traes y según como sean hablaremos de regalos de Reyes. Que no sé por qué me parece que te vas a quedar sin ellos... ¿Cuándo son los controles?

—La seño dijo ayer que a primeros de noviembre.

—¡Pero Santi! ¿Cómo va a decir que a primeros de noviembre si hoy estamos ya a veintidós?

—Bueno, pues diría que a primeros de diciembre... No me acuerdo.

Rosa empezó a irritarse un poco.

—¡No me acuerdo! ¡Se me olvidó! –dijo alzando la voz–. ¡Toda la vida igual! ¡Ay, hijo mío! Ya puedes estudiar, que queda poco.

—Dijo la seño que a primeros, para que después nos quede tiempo de ensayar el teatro del festival de Navidad, hacer el Belén y adornar la clase sin preocupación por los exámenes.

—Tiene razón la señorita Clara. Así estaréis más tranquilos. A ver si te empleas a fondo, que me parece a mí que vamos a estar como siempre contigo.

—No, mamá. Ya verás como tendré mejores notas.

—Anda, –añadió Rosa–. Dile a papá que te ayude a poner el mantel y los platos mientras yo acuesto a Rosi. A ver si podemos cenar sin sus lloriqueos, que hoy echan en la tele una del oeste, de esas del año catapún que le gustan a él.

* * *

A Santi le dio vergüenza ver el boletín con el temido «necesita mejorar» en casi todas las áreas, pues efectivamente las notas de aquella primera evaluación fueron desastrosas.

Las llevó a casa temblando. Sus padres se pusieron muy serios y se llevaron un gran disgusto, pero no le dijeron nada, ni le regañaron. El padre se limitó a firmar el boletín y se lo volvió a entregar al niño. Aquel silencio dolió a Santi mucho más que las broncas de otras veces.

—Como si no pasara nada, Rosa –advirtió el padre cuando se quedaron solos–. Ni enfados ni castigos. Y los Reyes, como siempre. Vamos a tomarlo con calma y a no darle importancia, a ver si se arregla.

Pero Rosa, muy en su papel de madre preocupada, acudió a hablar con la tutora. Pensaba por el camino que debía haberlo hecho antes y no esperar a recibir las notas.

Cuando Santi salió, los dejó a él y a Luisito paseando a la niña en el coche por el patio del recreo, y subió a la clase. Allí se confió a la profesora.

—Mire, lo he llevado al médico y me dice que no le demos importancia, que la falta de memoria y los despistes no tienen que preocuparnos, que ya se le pasarán... pero a mi me fastidia mucho con las notas que trae. ¡No va a aprobar tampoco este curso!

—Pues si no cambian las cosas, probablemente no –vaticinó la señorita Clara–. Imagínese cómo me sentiré yo, que soy quien le enseña día tras día las mismas cosas. Y nada, que no hay manera. No da la lata, atiende, pero no se entera de nada. ¡Ni las tablas de multiplicar se sabe! Así que no puedo conseguir que aprenda a dividir. Y tengo al resto de la clase haciendo unas divisiones larguísimas, con decimales y todo...

—Yo la verdad es que no sé qué hacer –confesó Rosa.

—No se preocupe, seguiremos teniendo paciencia con él. En octubre el psicólogo del colegio le hizo unas pruebas de inteligencia y dio normal; tiene incluso un coeficiente por encima de la media de la clase, o sea que es más listo que muchos otros niños compañeros suyos. Sin embargo, es uno de los que lleva peores notas. Bueno, las suyas son las peores, la verdad...

Rosa dio un suspiro, totalmente abatida.

—Por otra parte –siguió la profesora– se le ve feliz, totalmente integrado con el resto de la clase. Le quieren, es obediente y educado... Nada... debemos esperar...

—A ver si después de las vacaciones de Navidad mejoran las cosas.

* * *

Además del desastre de las notas, la función navideña salió mal porque Santi olvidó su texto.

Se puso muy nervioso al salir al escenario, empezó a temblar al ver que no recordaba las frases y estuvieron todos los del grupo cortados e indecisos unos segundos, sin saber qué hacer.

La señorita Clara, enfadadísima, desde la parte trasera del escenario, tapada por las cortinas, mandó a otro niño que dijera también el papel de Santi, pero entonces los demás se equivocaron un par de veces, con el lío del cambio.

Esa vez sí que Rosa ya no se pudo callar:

—¡Pero cómo es posible, Santi! ¡Mira que olvidar lo que tenías que decir! ¡Dos semanas llevas ensayando en casa tus frases! ¡Y además en el colegio! ¡Si me las he aprendido yo, de tanto preguntártelas! Me las has dicho cien veces...

—No sé, mamá. De repente no me acordaba.

—¡Menuda se habrá puesto la señorita Clara! –siguió Rosa–. ¡Es que no pones atención en nada! ¿Cómo puedes ser así, hijo? ¡Después de hacerte el traje de pastor y todo para la obra, que me harté de coser la semana pasada! ¡Qué barbaridad!

Tampoco la señorita Clara estaba muy orgullosa de su alumno.

—¡Hay que ver el niño éste! ¡Tanto trabajo y tanto ensayo para nada! –le decía al director–. Si no quería yo que hiciera ese papel, pero por aquello de no discriminarlo... Además, como tenía tanta ilusión y la madre enseguida le cosió el zurrón y todo lo demás, y le compró las zapatillas, tampoco le iba a echar después del grupo. Pero algo me olía yo que iba a ocurrir...

Santi también lo pasó mal aquella tarde y no fue por la regañina de su madre. Le dolía el ridículo que había hecho delante de todos, pero pensaba sobre todo en la señorita Clara, que ya no iba a confiar más en él. Con lo que la quería y haberle fallado de esa manera...

No se explicaba lo que había pasado. Estaba seguro de haberse aprendido su papel a la perfección porque lo había repetido muchísimas veces ¿Por qué, al salir al escenario, notó como si se le borrara todo? Realmente fue una pena.

Las reuniones navideñas en el piso de los abuelos, las vacaciones con más tiempo para jugar y ver la tele y, sobre todo, los regalos de Reyes, entre los que estaba la caja de «Cifras y letras», calmaron su disgusto y le hicieron olvidarse de la función.

Pero cuando pensaba en el colegio, estaba seguro de que la señorita Clara nunca más le dejaría actuar en una obra. Y tal vez ni le hablara ya nunca más, por haber organizado aquel desastre.

Se equivocó totalmente. Cuando el nueve de enero volvieron a clase todos, la señorita Clara le dio un par de besos como si nada hubiera pasado y no dijo ni una palabra del teatro que tantos disgustos les había costado.

3

La cazadora

—Tengo que volver hoy a la consulta de don Federico, Santi. Y papá no llega hasta las ocho, así que no puede quedarse con la niña –dijo Rosa mientras comían–. A la salida del colegio esta tarde, te vienes corriendo. No te entretengas, porque nos iremos en cuanto llegues. Mi hora es a las seis.

—¡Jo, mamá! ¡Qué rollo! ¡Pero si habíamos quedado en jugar un partido a la salida! ¿Cómo se te ha ocurrido? Además yo no necesito ir. Prefiero quedarme en casa, con Rosi.

—Sí, hombre, para que hagas lo que la otra vez y me dejes a la pobre cría sin merendar hasta las tantas. ¡Estás tú listo! No puedo fiarme de ti, Santi, así que te vendrás conmigo y te quedarás con ella en la sala de espera mientras don Federico me atiende. Ya le daré yo la merienda antes de que llegues y tú puedes ir comiéndote la tuya.

—Mamá, yo te prometo que la atenderé bien, pero nos quedamos en casa. Le diré a Luisito que se venga después y él me recordará cuándo debo darle el potito si se me olvida. ¡Es que me parece un rollo ir al dentista y estar allí esperándote! ¡Menudo aburrimiento! ¡Y encima me quedo sin jugar! ¡Déjame, anda, mamá!

—¡He dicho que no! ¡Te vienes y no se hable más! Si tuvieras un poco más de sentido cuando se te mandan las cosas, no habría necesidad de todo esto.

—Pues tendremos que aplazar el partido. Dirán Luis y los demás que soy un plasta, que siempre es por culpa mía.

—Si no hay mucha gente –continuó diciendo Rosa sin hacerle caso–, y si salimos antes de que cierren, iremos a la Avenida, que tengo que comprarme unos zapatos y como ahora hay rebajas, daremos una vuelta mirando escaparates.

Santi, aunque a regañadientes, accedió a lo que su madre le había mandado y la tarde de dentista transcurrió felizmente.

Acabaron muy pronto y se fueron a la Avenida. Por la calle soplaba a ratos un vientecillo fresco, aunque la temperatura era agradable y no parecía que estuvieran a finales de enero.

A lo largo de aquellas calles céntricas su madre miró varias zapaterías hasta encontrar el calzado que andaba buscando, a juego con el bolso que la abuela le regaló en Navidades.

También compró otros zapatos para Santi aprovechando las ofertas, pues los de ir al colegio estaban ya muy viejos de jugar al fútbol con ellos cuando se le olvidaban las botas en casa, lo que ocurría casi siempre que tenía partido.

Santi la vio de repente, al pasar delante del escaparate de unos grandes almacenes, hacia el final de la Avenida. Estaba puesta sobre el maniquí.

Nunca había visto nada tan bonito y desde aquel momento supo que deseaba tenerla. Estaba confeccionada en tela vaquera, como tantas otras, pero le gustó

mucho más que ninguna de las que había visto en las tiendas o a sus amigos.

—¡Mamá, mamá! ¡Mira que cazadora tan preciosa!

Rosa miró la prenda que había despertado el entusiasmo de su hijo. Llevaba dos bolsillos delanteros sobre el pecho, adornados con remaches que formaban la cabeza de un águila. Tenía además otros bolsillos en los laterales, para meter las manos y el cuello también estaba ribeteado con remaches iguales a los de los bolsillos y los puños. Tenía unas trabillas en los hombros. Era, efectivamente, una cazadora distinta, muy original.

—Sí –dijo Rosa–. Está bien. Se sale de lo corriente. Pero me parece un poco hortera con tanto adornito. ¿No crees?

—¡Qué va, mamá! ¡Si es chulísima! Me gusta mucho... ¿Me valdrá, mamá?

—Sí. Quizá podría quedarte un poco grande, pero más o menos es de tu talla.

Rosa no estaba muy convencida. Santi parecía un poco más bajito que el maniquí.

—¿Quieres que entremos y me la pruebo, mamá?

—¿Y para qué, Santi? No voy a comprártela.

—¿Por qué, *ma*?

—Pues porque tienes el anorak y la otra cazadora de paño, así es que no la necesitas.

—¡Pero si la otra me está pequeña ya! Además este anorak no me gusta nada. Te empeñaste en que cogiera el azul porque era el que más te gustaba a ti y este color es una birria. Y abriga demasiado. Hoy como hace mejor tiempo me da muchísimo calor. Voy asfixiado. ¡Anda, mamá! ¡Vamos a entrar!

Santi se había plantado tercamente ante el escaparate.

—¡Que no, Santi! ¡Que no te compro nada más ahora! Ya llevas los zapatos nuevos.

—¡Anda! ¡Mira qué rica! ¡Y tú también! ¿O es que para ti no has comprado zapatos?

—¡He dicho que no, Santi! Que no podemos! ¿Crees que no hay nada más que comprar y comprar todo lo que se nos antoje?

—¡Pero si está de rebajas, mamá! –siguió protestando Santi.

—¡Sí, sí! ¡Menuda rebaja! ¿Es que no le ves el precio? ¡Es carísima! ¡Ni hablar!

—Mamá, porfa... Déjame que me la pruebe, que me hace mucha ilusión. Si es un momentito...

A regañadientes Rosa entró en la tienda con Santi y la niña en el cochecito.

Una señorita se acercó muy sonriente al verlos mirando, un poco despistadillos, en la sección de niños y jóvenes.

—Quiero la cazadora del escaparate, la de los remaches con el águila –dijo rápidamente Santi antes de que su madre pudiera abrir la boca.

—Es la única que nos queda y me parece que es tu talla. Se han vendido muy bien –informó la muchacha–. Ahora está muy rebajada. Tiene usted suerte, señora –añadió dirigiéndose a Rosa–. A principio de temporada costaba el doble.

Rosa se sintió atrapada en las redes de aquella señorita y la ilusión y el entusiasmo de su hijo. No debía haber entrado.

—¡Juan! –llamó la señorita dirigiéndose a otro empleado–. ¡Saca del escaparate la cazadora de águilas de Juvenia, la del maniquí, para esta señora!

Un par de minutos después Santi tenía puesta la cazadora y se miraba y se remiraba en el espejo del probador. La verdad es que le quedaba francamente bien.

La dependienta se deshacía en alabanzas.

—¡Hay que ver lo bien que le está al niño! ¡Parece que la han hecho para él! ¡Qué aire tan moderno y tan actual le da!

—Sí, sí, no está mal –apuntó Rosa tímidamente–. Pero es un capricho del chico. No le hace falta. Y es una prenda cara...

—¡Pero qué dice usted, señora! ¡Si está rebajadísima! ¿No ve que es la única que nos queda? Se han vendido como rosquillas, pero no encontrará por ahí muchas iguales. Se trajeron solo unas cuantas porque como este confeccionista, Juvenia, es de tanta calidad en sus diseños, no queremos saturar el mercado y que se vean por todas partes. Por eso llaman la atención. Son casi piezas únicas. ¡Fíjese, fíjese qué bonita! ¡Y qué calidad de acabados! Además es que le queda al niño perfectamente.

—¡Mamá, cómpramela, porfa! –rogó Santi–. ¡Anda!

—¡Ni hablar! ¡Pues vaya manía que has cogido con ella! –exclamó Rosa.

Pero se sentía arrinconada contra las cuerdas como los boxeadores. Sabía que tenía todas las de perder. Su hijo no parecía dispuesto a quitársela.

El dependiente que había sacado la cazadora del escaparate volvió diciendo:

—Me comunica el jefe de ventas que, si usted la adquiere, se le hará un 15 % sobre el precio de rebaja por ser la única que queda. Es una ganga. Piense que es una prenda de plena actualidad. Y al chico le está divinamente.

Al final no hubo remedio. Rosa pagó con la tarjeta de crédito, pues no llevaba tanto dinero encima, y Santi salió de la tienda contentísimo, con su cazadora puesta y el anorak metido en la bolsa que le dieron.

La verdad es que Rosa iba un poco irritada, empujando el cochecito de la niña, por haberse dejado convencer.

—Considérala como tu regalo de cumpleaños, así que no esperes nada más la semana que viene. ¡Pues estamos aviados contigo! ¡A ver si te crees que te vamos a estar dando todos los caprichitos! ¡Ya lo sabes!

—Pues claro, mamá. Nunca había tenido un regalo de cumpleaños tan bonito –dijo Santi ilusionado–. Me encanta.

Pero la madre seguía sin estar muy conforme con lo que había hecho.

—¡Y que sepas que como suspendas también la próxima evaluación se la llevo al primo Albertito! ¡Para que te enteres! Seguro que a él también le gusta y así aprenderás a espabilarte en el colegio.

—Que no, mamá. Que ahora estudio mucho...

Santi estaba acostumbrado a las broncas y los reproches de su madre. Siempre era muy protestona y le gritaba, así que no le hizo mucho caso. Iba la mar de distraído frotando con la manga la cabeza de águila de remaches que adornaba el bolsillo izquierdo para que brillase todavía más.

* * *

Al día siguiente Santi llegó muy orgulloso al colegio con su cazadora nueva y tuvo un gran éxito entre los compañeros. Las niñas le miraban de reojo y los chicos se entusiasmaron con ella, pero sólo se la dejó probar a su amigo Luis y a Marisa, una niña rubia que le gustaba.

—¡Jo, tío! ¡Qué fardona es! –exclamó Luisito–. ¿Dónde te la compraron?

—Oye ¿es muy cara? ¿Cuánto te costó? –preguntó Marisa.

—¡Cómo mola! –dijeron tres o cuatro a coro.

Naturalmente no supo responder a las preguntas. Habían visto varias tiendas y no se acordaba del nombre de aquellos almacenes, ni tampoco tenía idea de cuánto dinero había pagado su madre, sólo dijo que estaba rebajada. ¡Vaya despiste!

A la hora del recreo, Santi dejó la cazadora en clase. No quería que se le perdiese. Y lo más probable es que se la olvidara por algún rincón del patio si se la quitaba. Y no iba a jugar al fútbol o al pilla-pilla con ella puesta, y que luego su madre le regañara por haberla manchado o roto.

Pasó un poco de frío sólo con el jersey, pero no le importó.

El caso era que no se le extraviara, porque le gustaba muchísimo.

Le parecía que nunca había tenido nada tan bonito.

Al entrar del recreo la señorita Clara les avisó:

—Dentro de un par de semanas os voy a hacer unos controles para la próxima evaluación, así iremos quitando algunos temas con exámenes parciales. De Música y de Artística, como tenéis bastantes notas, no los haremos... Por cierto, Santi –prosiguió–, aún no me has traído los dibujos de los animales, ni el que mandé hacer de la familia, ni el colage de la mariposa. Los estoy esperando.

—Es que se me han olvidado, seño –se disculpó Santi.

Toda la clase se echó a reír.

—¡Ya, hombre, ya! –la señorita Clara también reía–. Ya sabemos que se te olvida todo, pero tienes que hacerlos porque, si no me los entregas, tendrás notas negativas y con ceros no veo la posibilidad de que apruebes.

—Ni con ceros ni sin ellos –pensó Santi–. ¡Vaya rollo de evaluaciones! Seguro que me quedo sin cazadora y se la lleva mamá al primo Alberto. Por mucho que estudie me pasará lo que otras veces...

Y es que a Santi le daba terror ese papel que repartía la señorita con las preguntas o los ejercicios de cálculo y los problemas, los días de control.

—¡Qué manía tiene esta mujer con las evaluaciones! –siguió pensando–. Es que en cuanto se aburre, ¡hala, un examen! ¡Y venga a regañarme con las notas que saco después! En cuanto acabamos una lección, un control. ¡Qué plasta es la seño!

En clase, Santi se iba apañando para hacer los ejercicios y las actividades con más o menos fortuna. Se fijaba en unos y en otros, miraba el libro para recordarlo, se los copiaba a Fernando o a Luis; pero los días que había control, con la mente en blanco, no era capaz de acordarse de nada absolutamente de cuanto se había explicado. Sentía un pánico terrible y le daba muchísima rabia no poder sacar unas notas aceptables.

Además no había ninguna posibilidad de ayuda, pues la señorita los separaba esparciendo los pupitres por toda la clase. Era imposible que le saliera bien...

Tendría que repasarlo todo. No se sabía las tablas, se equivocaba en las restas y las sumas casi siempre, no podía distinguir el sujeto del predicado en una frase, ni recordaba si el Guadalquivir era un monte o un río, ni por supuesto, si el fémur, que había aprendido que era un hueso, estaba en la pierna o en el brazo. Un auténtico desastre.

4

Mémor

—Mamá. Mañana a la salida del cole, jugaremos un partido en el solar de las naves viejas contra los del B. Te lo digo porque llegaré más tarde, para que lo sepas. Es mañana, por si se me olvida recordártelo. Que llegaré tarde.

—Ya, ya, pero ¿a qué hora?

—No lo sé. Empezamos a las cinco, al salir. Vendré a las seis y media o las siete.

—¿Y la merienda?

—Da igual –contestó Santi–. Merendaré después.

—¿Y las evaluaciones? Son la semana que viene –insistió la madre–. Ya sabes que tienes que repasar, que luego todo son fallos y malas notas.

—Que no te preocupes, que acabaremos enseguida. Todos tenemos que estudiar. Pero nos han desafiado los del B y hay que jugar el partido. De todas maneras estoy trabajando mucho últimamente. Eso dice la señorita Clara.

Santi le dijo una mentira. En realidad la seño le seguía echando la bronca por sus olvidos, sus despistes y sus fallos. ¿Por qué no sería capaz de recordar las cosas?

* * *

Los del B les ganaron por cuatro goles. Quedaron cinco a uno. Menos mal que fue él quien metió el único gol y por lo menos su honor había quedado a salvo, aunque fuera de casualidad. Luis, que era el más goleador, no jugó porque no había ido a clase; llevaba tres días con gripe.

—Son unos tramposos los del B –pensaba Santi–. Nos han desafiado ahora que Luis no podía jugar, por eso nos han dado esta paliza.

Decidió ser futbolista. Al fin y al cabo eso era fácil y no había que estudiar para conseguirlo, sólo practicar y entrenar mucho.

—Debe de ser para lo único que no hay que aprender nada en los libros, porque hasta el marido de tía Luci, el tito Alberto, que es electricista y arregla teles y enchufes, siempre está consultando libros con dibujos raros que dice que son esquemas de los aparatos eléctricos. Y el vecino del segundo –siguió pensando– también ha tenido que hacer un examen para empezar a trabajar de bombero. No sé qué falta hacen esas cosas para apagar el fuego. Con saber a dónde dirigir la manguera... Yo creo que lo de ser futbolista es lo mejor. Además se gana muchísimo dinero.

Tras lamentar la derrota con sus compañeros de equipo, se despidió de ellos y echó a andar hacia su casa. Tenía mucha hambre. ¿Qué habría de merienda? Seguro que su madre ya se la tenía preparada. Eran más de las seis y media...

—¡Eh, Santi! –le llamaron de pronto–. ¡Que te dejas la mochila y la cazadora al lado de esta portería!

¡Vaya! ¡Pues era lo que le faltaba! ¡Llegar a casa sin libros y sin la cazadora! ¡Habría que oír a su madre! Menos mal que le habían avisado.

—¡Vale, gracias! –les gritó–. ¡Hasta mañana!

—¡Adiós! –le contestaron sin volverse.

Santi corrió hacia una de las piedras pintadas de blanco que marcaban la portería en el solar. Allí, efectivamente, había dejado sus cosas.

Al ir a cogerlas se quedó paralizado. Un bicho feísimo estaba encima de su estupenda cazadora. Era grisáceo, alargado, con muchas patas... Francamente repugnante.

Trató de recordar cómo se llamaba. Era muy conocido y lo consiguió.

—¡Qué asco! ¡Un ciempiés!

Agarró la cazadora por una manga y la sacudió fuertemente para que el animal cayera al suelo, lo más lejos posible.

—¡Chico, no seas bruto! ¿Es que no ves que puedes matarme del golpazo?

Santi no podía explicarse quién había hablado. La voz parecía venir del sitio donde el ciempiés se movía entre unos hierbajos, cerca de la piedra de la portería.

—¡Nada! ¡Ni pedir disculpas siquiera! ¡Hay que ver cómo son estos chicos de maleducados! ¿Eso es lo que os enseñan en el colegio? ¿A tirar contra el suelo a la gente? ¡Qué falta de respeto!

Santi no era capaz de reaccionar.

—Pe... pero ¿eres tú quien me habla, ciempiés?

—¡Naturalmente que soy yo! ¿Quién iba a ser si no? ¡Mira que eres tonto, niño! Y para que lo sepas: no soy un ciempiés aunque me parezca a ellos. Soy un memoriápodo.

—Un memori... ¿qué?

—¡Un memoriápodo, niño! ¡Un me-mo-riá-po-do!

—¡Es increíble! –Santi tenía los ojos como platos–. ¿Cómo puede hablar un ciempiés?

—¡Y dale con el ciempiés! Ya te he dicho que no soy un ciempiés, que soy un memoriápodo.

—Pues yo tengo un álbum de animales –dijo Santi temblando– y el ciempiés es como tú.

—¡Bah! ¡Lo habrás mirado mal!

—Que no, que no, que es como tú. Un bicho así, con muchas patas, asqueroso...

—¿Es que no te gustan los animales?

—¡Claro que sí! Pero los gatos, los perros, los caballos... Me encantaría tener un perro, pero mi madre no quiere. Dice que lo destrozaría todo. Los insectos como tú, en cambio, me dan mucho asco.

—Oye, rico, que de insecto nada. Soy un memoriápodo, el animal más inteligente que existe. Lo sé todo.

—¡Anda ya! –exclamó Santi.

—¿Cómo que anda ya? ¡Ando cuando quieras, que para eso tengo tantas patas!

¿Crees que no soy inteligente? ¿Lo crees? A ver, a ver... ¿A cuántos animales has oído tú hablar?

—Bueno, pues... ahora que lo dices... a ninguno, es verdad. Pero eso no quiere decir nada.

—¿No? Pues prueba, prueba a hablar con un perro de esos que te gustan tanto. Te soltará un ladrido, incluso un mordisco en el peor de los casos. Te puede hasta contagiar la rabia, pero no te entenderá y tú tampoco podrás saber lo que quiere decir con su sonido. En cambio yo, ya ves...

—¿Cómo es posible que puedas hablar? –preguntó Santi todo intrigado.

—¡Talento que tiene uno! –contestó el bicho dándose importancia–. He aprendido escuchando a los hombres y lo recuerdo todo. Tengo una gran memoria. Realmente es una memoria extraordinaria. Ya lo dice mi nombre.

—¡Jo, qué suerte! A mí se me olvida todo.

—Aunque no te lo puedas ni imaginar, me he puesto en tu cazadora a propósito, para que me vieras.

—Pues has tenido suerte de que no la cogiera para dármela mi compañero Daniel, porque yo te he tirado al suelo, pero él te hubiera chafado con una piedra.

—¡Qué barbaridad! ¡Qué bestia!

—Bueno pues... nada... –Santi no sabía qué hacer ni qué decir–. Eso, que ya nos veremos.

—¡Naturalmente! ¡No dejaremos de vernos! Estoy aquí porque he decidido ayudarte. Voy a ser tu memoria. Para eso soy un memoriápodo.

—¿Qué dices?

—Que te voy a arreglar los problemas que tienes con tus olvidos. He venido para eso.

—¿Que has venido? ¿De dónde?

—Pues de... Mira, es muy largo de explicar. Voy a ayudarte y no me preguntes más cosas que no te importan.

—¿Y me acordaré de las cosas?

—No te va a hacer falta. Seré yo quien tenga en mi memoria todo lo que tu debes saber para recordártelo.

—No creo que sea posible –dijo Santi.

—¡Que sí, hombre! Cada una de mis patas es como un pequeño ordenador donde están archivados un montón de conocimientos. Tú únicamente tienes que utilizarlos.

—No entiendo nada. De verdad que no me entero.

—¡Pero si es facilísimo! Mira, ya verás. Tírame por ejemplo de la pata número 13 del lado izquierdo.

—¡Ni hablar! ¡Qué asco!

—¡Pues chico, tampoco soy tan feo! ¡Qué manía!

—Es que a mí los ciempiés me dan como un repelús –Santi parecía disculparse–. Así, con tantas patas... Además –añadió con firmeza– los ciempiés pican. Sois venenosos.

—¡Y tú eres idiota! ¡Deja ya de decir tonterías, que no tienes ni idea! Y no soy un ciempiés, sino un memoriápodo. Venga, tírame de la pata número 13 o de la que tú quieras. Me da lo mismo.

—¡Que no!

—¡Pues sí que estamos arreglados! La verdad es que me estás resultando un cobardica. ¡No se iban a reír poco tus colegas si se lo cuento! Mucho meter goles, mucho querer ser futbolista y luego tienes miedo de todo, hasta de un bicho tan pequeño como yo. ¡Qué cosas!

Santi dudaba. Sentía una enorme curiosidad por saber qué pasaría si hacía caso al animalito.

Se agachó y poco a poco fue acercando el pulgar y el índice a la diminuta pata que hacía la número 13 del lado izquierdo, hasta que la cogió; pero no pudo evitar sentir un estremecimiento al notar el contacto frío del animal en sus dedos. Luego tiró de la pata con mucha delicadeza y el memoriápodo empezó a hablar de nuevo.

—Cinco por uno es cinco; cinco por dos, diez; cinco por tres, quince...

Santi le escuchaba con la boca abierta y los ojos como platos. Volvió a oírse la voz del memoriápodo.

—...Cinco por ocho, cuarenta; cinco por nueve, cuarenta y cinco; cinco por diez, cincuenta.

—Seis por uno es seis; seis por dos, doce... ¿Quieres que siga?

Santi negó con la cabeza. No podía ni hablar.

—¿Te das cuenta? –prosiguió el memoriápodo–. Mis primeras patas son de Matemáticas. Las de la derecha para los números pares y las de la izquierda para los impares. Prueba con la pata número 3. Son las sumas. ¿Sabes sumar bien?

Santi volvió a decir que no sin abrir la boca. Era como si se hubiera quedado mudo, pero obedeció.

El memoriápodo empezó de nuevo.

—Tres y uno, cuatro; tres y dos, cinco; tres y tres, seis; tres y cuatro, siete... ¿Continúo?

—Es...¡Fantástico! –acertó a decir Santi.

—De eso nada. Es la mar de sencillo en cuanto te lo aprendas. Hasta la pata número 5 son sumas. Del par 6 al 10 están las restas. Del 11 al 15 las multiplicaciones y del 16 al 20 son para dividir. Pares a la derecha, impares a la izquierda. Está chupao pero tienes que recordarlo.

—¿Para qué?

—¡Ay, chico, qué tonto eres! ¡Es que no te enteras! El lunes, cuando la señorita te ponga el control de cálculo, sólo tienes que tirar de mis patas según los números que sean y yo te los iré diciendo. Harás las cuentas en un periquete y todas estarán bien, sacarás muy buenas notas como Verónica, Luisito o Fernando.

Santi volvió a negar con la cabeza.

—No puedo hacer eso. No sabría. Seguro que me equivocaba de pata. Por cierto –se interesó–. ¿Qué hay en las otras?

—De todo. Conocimientos de Lenguaje, de Sociales, de Naturaleza y de cantidad de cosas que a ti todavía no te hace falta aprender como Filosofía o Latín...

—Me parece increíble.

—Pues no sé por qué. Puedes creértelo. Todo lo que tú necesitas conocer está dentro de mí. Sólo hay que hacer la pregunta y tirar de la pata correspondiente.

—Bueno, pero eso será para lo que se aprende de memorieta. ¿Qué pasa cuando hay que pensar y discurrir y no se te ocurre nada?

—¿Te refieres a los problemas, por ejemplo?

—Pues mira, sí. Por ejemplo.

—Es sencillísimo. El par de patas número 21 es para problemas. Sólo me los tienes que leer y al tirar de la pata te doy el resultado y te digo además las operaciones que tienes que hacer para conseguirlo. Como ves es muy fácil.

—¡Jo, qué bien! ¡Así cualquiera! Pero debe de ser muy difícil aprenderse lo que hay en cada pata. Además a mí también se me olvidan las cosas que no son del cole. Una tarde que mi madre salió, no le di a Rosi la merienda y no veas cómo se puso.

—Ya lo sé. Pero mira: estas dos últimas patas, que son un poco más largas son las patas-agenda. Con un tironcito en cualquiera de ellas te recordaré las cosas que no debes olvidar y que estén relacionadas con tu casa, tu familia, tus amigos, los recados que te haya mandado tu madre, las fechas de los cumpleaños... en fin, todo lo que te haga falta. Son de información general. También puedo informarte del tiempo que va a hacer o de los días en que hayan sucedido acontecimientos que te interesen...

—Eso es como si fueras las noticias de la tele o el hombre del tiempo. ¡Qué gracia!

—Bueno, creo que mucho mejor porque yo nunca fallo –aseguró el memoriápodo– y los locutores muchas veces se equivocan. Y no digamos los meteorólogos...

—En fin, te lo agradezco una barbaridad, pero no puede ser. Lo veo muy complicado.

—Pues tú te lo pierdes. Yo puedo serte de gran ayuda.

—Además –dijo Santi– no voy a andar por ahí con un ciempiés en la mano para tirarle de la pata a cada momento.

—¡Y dale con el ciempiés! –exclamó muy irritado el bicho–. ¡Me-mo-riá-po-do! ¡Que no te enteras! ¿Y cómo vas a llevarme en la mano, pedazo de tonto? ¡Qué asco me daría! ¡Todo el tiempo sudando! Y las llevas siempre sucias de tierra o de pinturas, así que de eso nada, monada. Pero a pesar de todo, quiero ayudarte.

—No veo de qué manera –dijo Santi que no acababa de convencerse.

—Pues mira. Hay que buscar un escondite donde esté a cubierto pero holgado y bien a gusto. Un sitio limpio sobre todo, no tu mano que parece un basurero...

—No te voy a llevar en el estuche. Si me piden la goma o el sacapuntas y te ven, no veas tú la que se arma en clase. Sobre todo por las niñas, que son unas miedicas.

—¡No, hombre, no! ¡En el estuche no! Hay que pensar otro escondrijo... Oye, ¿qué te parece un bolsillo de la cazadora, uno de los de arriba? El izquierdo, por ejemplo. Así podrás buscar las patas más fácilmente con la mano derecha o sacarme con rapidez cuando te interese. Puedo estar también en un cajón de tu mesa, entre los papeles –prosiguió–. En realidad no resulto difícil de ocultar, soy muy pequeño. Si un elefante tuviera mis facultades no te sería útil porque no podrías llevarlo a tu piso.

—Es que a mí me parece que todo esto va a ser un lío.

—Puedo ayudarte en todo. Cuando juegues con tus amigos a lo de «Cifras y letras» yo te diré las palabras que salen en cuanto hayas elegido vocales y consonantes. Acabarás mucho antes que Luis.

—¡No me digas! ¿También eso? No me lo creo. En ese juego no doy ni una. No sé para qué se lo pedí a los Reyes.

—No importa. Yo lo haré por ti. Lo de crear las palabras, digo.

—No me lo puedo creer. ¡Es fantástico!

—Prueba y verás.

Santi se quedó un rato pensativo. No sabía qué hacer.

—Deberías dejarme que lo piense. Te contesto mañana.

—No hay nada que pensar. Soy como una lotería y te he tocado. No puedes rechazar tu buena suerte. ¡Verás qué bien te van las cosas conmigo!

Al final Santi se dejó convencer. No le costaba ningún trabajo comprobar todo aquello que el bicho le había asegurado. Si era mentira lo espachurraría de un pisotón para que aprendiera a no ser embustero.

Con bastante repugnancia –todo hay que decirlo– metió al memoriápodo en el bolsillo izquierdo de su cazadora como él le había sugerido y salió corriendo para su casa. Era de noche ya. Debía de ser tardísimo y su madre seguro que estaría preocupada esperándole con la merienda.

Por el camino se le ocurrió que debía ponerle un nombre al bicho.

—Le llamaré Mémor. Seguro que le gusta.

* * *

En cuanto llegó a casa y aguantó la regañina por llegar tarde, se fue a su habitación. Sacó del armario el juego de «Cifras y letras» y a voleo cogió las letras que iban saliendo:

j r a e a c n e l

A continuación tiró de la pata final de la derecha, la que era un poco más larga que las anteriores. Una de las patas-agenda que le había indicado Mémor.

—A ver –exigió–. A ver qué palabras puedo formar.

—Caer. Encaje. Encajar. Anclaje. Caja. Encajera...

—Vale, vale. Oye –dijo después de comprobarlo–. ¡Es cierto!

—¡Pues claro! ¿Qué esperabas?

—¿Y con las cifras? ¿Qué tal te irá?

—Lo mismo. Si eso es todo igual. Dime un número. El que quieras...

Jugaron durante bastante rato. Santi estaba realmente asombrado de los poderes del memoriápodo. Ganaría un pastón en el concurso de la tele si se presentara.

—¿Has visto lo fácil que es? –le preguntaba–. Está chupao. Ya verás la cara de asombro que pone Luis cuando venga a jugar contigo.

—En cuanto se le pase la gripe quedo con él. ¡Menuda sorpresa que va a llevarse cuando te conozca!

—¡Ah, no, no, no! ¡Esto tiene que ser un secreto entre los dos! Nadie debe conocer mi existencia...

—¡Hombre, no le voy a decir a la seño que vas a soplarme las tablas, pero Luis es mi amigo. El mejor que tengo.

—¡Nada! ¡Ni Luis ni porras! Ni una palabra a nadie o te las verás conmigo.

* * *

Siguió probando las facultades del bicho al día siguiente. Cuando volvió del colegio al mediodía, su madre, que le estaba dando de comer a la niña, le dijo que bajara al supermercado.

—Están cocidos los macarrones pero no tengo tomate, así que tráete un bote, un paquete de azúcar, yogures, una bolsa de pañales, que casi no quedan con esta meona... ya te he preparado la lista. Y que te ayude el chico a meterlo en el ascensor, que son bastantes cosas.

—A ver, a ver...

Santi parecía enormemente interesado. Leyó la lista en voz alta y decidió darle al memoriápodo una nueva oportunidad de lucirse.

Con una sonrisa de triunfo se la devolvió a su madre.

—Tómala. No la necesito. Ya verás como me acuerdo de todo –dijo muy seguro.

—¡No me hagas payasadas, Santi! –se irritó la madre–. ¡Sabes que si no llevas lista se te olvidan la mitad de las cosas! Luego tendré que bajar yo a por lo que falte. ¡Menuda gracia!

—Que no, mamá, que no me la llevo. Ya verás como me acuerdo de todo.

—¡Ay, Santi! ¡Qué cabezón eres, hijo mío! ¡Y precisamente hoy que tienes que subir tantas cosas!

* * *

Le hizo mucha ilusión la sorpresa de su madre cuando comprobó que venía en las bolsas del supermercado todo el pedido de la lista. ¡Y sin llevársela! Rosa no podía creérselo.

Pero había sido muy fácil. Un pequeño tirón de la última pata del memoriápodo al entrar en el establecimiento había bastado para conseguir el prodigio. Él le había ido repitiendo cada una de las cosas que necesitaban: el azúcar, el arroz, los pañales y los potitos de Rosi, el detergente... Jamás pensó que lo del memoriápodo pudiera funcionar tan bien.

Por la noche se lo contó muy entusiasmada a su marido después de la cena. Hablaban sentados en el sofá y como habían apagado la tele, aquella conversación la escuchó Santi perfectamente.

—¡Ay, Paco! ¡Qué contenta estoy! ¡Nuestro hijo ha mejorado mucho! Hoy le di una lista enorme para el súper y no se la bajó siquiera. La leyó antes de irse y me lo trajo todo sin que faltase lo más mínimo. ¡Y eran por lo menos quince cosas!

—Ya lo dijo don Antonio, mujer. Santi es un crío inteligente, pero tal vez su memoria está sin desarrollar totalmente. Puede ser que se esté arreglando el problema, que ya era hora, porque la cabeza de este niño es un desastre completo. A ver si es verdad, porque lleva los dos últimos cursos que es una pena. Esperemos que este año apruebe.

—Desde ayer está estudiando mucho porque tiene evaluaciones la semana que viene. Ayer, después de jugar al fútbol, cogió la merienda y se encerró en su cuarto. Hasta pone una silla detrás de la puerta para que nadie le moleste. Dice que como no tiene cerradura, que así no le distrae nadie.

—¡Qué raro!

—Pues sí, la verdad; porque esto de encerrarse no lo había hecho nunca. Pero si le ha dado por estudiar tanto, es lo mejor. Incluso lee en voz alta, parece que habla solo. A veces le he oído al pasar por delante de la puerta...

Las últimas palabras alarmaron un poco a Santi.

—Tendré que andar con más cuidado –pensó–. No vaya a ser que mamá entre y me vea hablando con el memoriápodo. ¡Mira que si me pillan! ¡Menudo lío! Entonces me llevarían a un loquero, en vez de a don Antonio.

5

Segunda evaluación

Santi practicó a todas horas, encerrado en su habitación, hasta que pudo aprender a encontrar, sin verlas, las patas del memoriápodo con la información correspondiente.

Había acomodado al animalito en el bolsillo de la cazadora, acolchándolo un poco con un par de pañuelos de papel y después de aquella semana de ensayos, tiraba sin error de la pata que necesitaba.

Cuando llegó el lunes se fue muy optimista al colegio, pensando que el resultado de aquellos controles iba a ser muy distinto al de todos los anteriores.

—Que tengas suerte en el control –le deseó su madre–. A ver si esta vez te empleas a fondo.

Rosa también estaba convencida de que todo iba a mejorar viendo el cambio de actitud de su hijo. Admiraba su empeño en aislarse en su cuarto, donde nadie pudiera estorbarle ni interrumpirle y le alegraba que en los últimos días se hubiera olvidado totalmente del fútbol y de la televisión.

La serenidad de su alumno también chocó a la señorita Clara. Aquella mañana entró sonriente y tan tranquilo, como si fuera a comprarse un helado.

—Toma, Santi –dijo tendiéndole el folio–. ¿Has estudiado mucho?

—¡Muchísimo, seño! ¡Claro que sí! ¡Ya lo verás! –contestó Santi con una sonrisa de oreja a oreja.

La verdad es que al principio tenía miedo. ¿Y si no atinaba con la pata correspondiente? ¡Sería terrible!

Decidió, al fin, empezar por las multiplicaciones y todo iba resultando la mar de bien. Tuvo puesta la cazadora todo el tiempo, naturalmente, pero eso a nadie le llamó la atención. Tampoco que de cuando en cuando metiera la mano en el bolsillo izquierdo, como si buscara algo...

—Tenéis de tiempo hasta la hora del recreo. Pero si alguno termina antes, que lo repase, que muchas veces lo hacéis demasiado deprisa y os equivocáis en tonterías.

A Santi le fastidiaba engañar a su seño y además le seguía resultando desagradable el contacto del bicho. No se había acostumbrado y cada vez que buscaba una pata y tocaba su frialdad, daba un respingo.

Estaba totalmente enfrascado con las divisiones y los problemas cuando oyó de nuevo la voz de la señorita Clara y su rápido taconeo por la clase.

—¿Qué es eso? ¿Qué escondes ahí?

A Santi se le quedó la mano paralizada al borde del bolsillo de la cazadora.

—¡Horror! –pensó–. ¡Me han descubierto!

Pero no iba con él la cosa. La seño pasó al lado de su mesa como una tromba y arrebató a Verónica un papel que llevaba escondido en la manga del jersey.

Todos los niños volvieron la cabeza hacia ellas. Vero estaba colorada como un tomate.

—¡Muy bonito, Verónica! ¡Muy bonito! ¿De modo que te dedicas a copiar en los exámenes? ¡Qué vergüenza!

—¡Jo, qué morro! –exclamó Luis–. ¡Así cualquiera!

—No esperaba esto de ti –siguió la maestra– ¿Me quieres decir cómo tenías la hoja del control?

—Fueno... ef que...–Verónica hablaba como silbando entre los alambres de sus dientes–. La enfontré ayer en el cuaftito de la fotocofiadofa...

—¡No es verdad! ¡Allí no quedó ni una! ¿Es que crees que soy tonta? ¡Las tengo desde hace una semana en el cajón de mi mesa debajo de las guías didácticas! ¡Me la has quitado!

—¡Fe no, feño! ¡Fe no!

A Vero le caían unos lagrimones enormes y arrugaba la cara al llorar, poniéndose más fea todavía.

—¡Cómo que no! ¡Si estaban allí! ¡Contesta! ¿Dónde lo hiciste? ¿En casa?

—Fí, fí. Me afudó mi hefmano Sefgio, el de oftavo.

—¡Ya arreglaré yo a Sergio también! En cuanto acaben los demás, lo pondré en conocimiento del director y que don Jesús llame a vuestros padres ¡Les quiero ver esta misma tarde aquí! ¡Que vengan, que les voy a explicar por qué te voy a suspender en esta evaluación! ¡Y en el curso! ¡Te suspendo el curso por engañarme! ¡Y parecías tan lista! ¡Demasiado lista es lo que eres! Pero esto va al Consejo Escolar ¿eh? ¡Esto no queda así! ¡Es una falta gravísima! Además, seguro que lo has hecho siempre y no te mereces las notas que te he puesto hasta ahora.

—No, feño, que ha fido la frimefa fez.

—¡No puedo creerte! Pero es igual, ya lo aclararemos... Y vosotros, ¿qué hacéis mirando? –les preguntó–. Venga, seguid, que como pille a otro en este plan anulo el control y cero pelotero para toda la clase.

Santi no recordaba nunca haber visto a la señorita tan enfadada. Durante un rato se quedó quieto, sin atreverse a seguir con sus maniobras, pero había que acabar el control. Sus compañeros se aplicaban sobre los papeles en el más absoluto silencio mientras Vero seguía lloriqueando y la maestra daba paseos por la clase vigilando atentamente.

Poco a poco volvió la tranquilidad y se centró en los ejercicios. Ya le faltaba poco. Había acabado las cuentas y los problemas. Hizo incluso las divisiones de tres cifras y las de decimales. Y se reía al recordar que en controles anteriores no había sido capaz ni de terminar con éxito las sumas y restas.

A pesar de la interrupción, acabó de los primeros, un poco después que su amigo Luisito y que Fernando Baena y Marisa, que lo hacían todo en un pispás.

Cuando la señorita Clara vio que no había en sus ejercicios ni el más ligero fallo, se quedó de una pieza. Le parecía realmente asombroso y no existía la posibilidad de que los hubiera copiado de alguien. Estaba muy alejado de sus compañeros. Lo suficiente para que no pudiera ver los resultados en otros controles.

Su examen era el mejor. Hasta los más adelantados se habían equivocado en algunas cosillas sin importancia.

—Mañana seguramente os diré las notas. Voy a corregirlos en casa esta tarde –les comentó.

Y no dijo nada más.

Pero cuando sonó el timbre del recreo, le pidió a Santi que se quedara un momento.

—Santi, has hecho un control magnífico. Estoy muy contenta. ¿Cómo ha sido eso?

—Es que he estudiado muchísimo, señorita Clara.

—Vaya, vaya. Pues me alegro de que por fin te des cuenta de lo necesario que es estudiar y aprender... Pero de todas formas... No sé... Hay cosas que no entiendo cómo pueden ser. Hace unos días no tenías ni idea de la división, te equivocabas al restar, no te sabías las tablas... y hoy está todo perfecto.

La señorita Clara le miraba fijamente. ¿Podría darse cuenta de que mentía?

—Es que me ayudan mucho en casa –dijo bajando los ojos–. Mi padre me pregunta las tablas todos los días y me ha explicado lo que hay que hacer para dividir. ¡Ah! y después de comer, mi madre me pone problemas y cuentas...

¡Qué mentiras más gordas estaba diciendo Santi! Se sintió avergonzado de tener la cara tan dura. Aquello era peor que lo de Verónica.

—Bueno, pues es estupendo –siguió, tan inocente, la señorita Clara–. Me agrada que tus padres colaboren y se interesen para que tú adelantes en tus estudios. Eso es muy importante. Me parece muy bien. ¿Y para mañana? ¿También has estudiado?

—¡Claro que sí! ¡Ya verás, seño qué notas tan buenas voy a tener en esta evaluación!

Santi quería muchísimo a la señorita Clara y le daba rabia tener que engañarla de esa manera, pero no podía contarle lo del memoriápodo.

Aparte de que, naturalmente, no se hubiera creído ni una palabra. Pensaría que le estaba tomando el pelo.

* * *

Cuando acabaron todos los controles y faltaban sólo unos días para darles las notas, la señorita Clara dijo:

—Como los resultados de la segunda evaluación han sido bastante aceptables, iremos de excursión. A pasar un día de campo en la sierra.

El jaleo que se organizó en clase fue terrible. Unos palmoteaban de alegría, otros hacían planes entre ellos y la mayor parte preguntaba cosas sin parar, gritando para hacerse oír.

—¿Y cuándo salimos, seño?

—¿Y cuántos bocatas tenemos que llevar?

—¿Hay agua allí o tenemos que llevar la cantimplora y latas?

Fue difícil calmarles y conseguir que escucharan. El viaje estaba programado para que disfrutaran de un día de convivencia en plena naturaleza y pudieran jugar entre los árboles, observar los animales, las plantas...

A Santi le dio muchísima alegría ¡Qué bien iban a pasarlo!

Al llegar a casa entró corriendo en la cocina donde su madre daba la merienda a Rosi.

—¡Mamá! –gritó–. ¡Que nos vamos de excursión a la Sierra del Tomillar el miercoles! ¡Nos lo ha dicho la seño! Dice que es un sitio precioso, lleno de pinares. Y que hay muchos pájaros. Y cabras montesas y ciervos.

—¡Vaya! ¡Qué bien! ¡Ojalá pudiera ir yo!

—Pues no. Nos vamos solos con la seño y los del B en autocar. Bueno, también se viene don Jesús, el director, y la cacatúa esa que está en secretaría.

—¡Niño!

—Si es que parece un loro, mamá. Y es más antipática... El otro día me regañó porque entré sin llamar con una lista que me mandó entregar la seño.

—Es que hay que pedir permiso y dar los buenos días. ¿Y cuándo dices que os vais?

—El miércoles. Me tienes que firmar el papelito con la autorización y darme las trescientas pesetas del autobús. Si no llevo la firma tuya o de papá, no puedo ir.

—Bueno, aún hay tiempo –dijo Rosa mientras metía una cucharada en la boca abierta de Rosi–. Que te lo firme papá esta noche, cuando venga.

—Vale. Pero que no se te olvide decírselo, que lo quiero llevar mañana mismo.

Aquí te lo dejo.

* * *

Aquella noche habló del viaje con el memoriápodo.

—Creo que no voy a llevarte, Mémor. Igual en el autocar te mareas, no estás acostumbrado. Además para ir al campo no me haces falta... no hay nada que estudiar.

—¡Muy bonito! O sea, que cuando te conviene, me dejas tirado en el cajón, ¿eh? Pues has de saber que soy un bicho de campo, que estoy harto de tu bolsillo y del cajón de la mesa, de tu colegio, de tu casa y creo que me merezco un poquito de oxígeno, de aire puro, en fin, cambiar de ambiente. Hace un montón de tiempo que no veo más que los arbolillos raquíticos y contaminados de tu barrio y la sierra ésa es preciosa. Estuve en el Tomillar y el río Alamillos hace mucho, pero no he podido olvidarlo. ¡Ah, qué bien lo pasé! Me apetece muchísimo volver a ver todo aquello.

Santi dudaba.

—Nos divertiremos juntos –aseguró el bicho.

—No sé qué hacer –dijo Santi–. Yo pienso que no debo llevarte. Es muy arriesgado.

—¡Pero qué tonterías dices, niño! –gritó Mémor empezando a enfadarse–. Atente a las consecuencias si no voy contigo. ¡Ya verás!

Santi reconsideró lo de que el memoriápodo le acompañara. La verdad es que el animalito tenía razón. Se había aprovechado tanto de él que de alguna forma debería corresponderle. Y si ir de viaje a la Sierra del Tomillar le gustaba no tenía motivos para negárselo. Irían juntos por el mismo precio ya que Mémor no pagaba billete.

* * *

Lo primero que hizo al levantarse fue sacar al memoriápodo del cajón y meterlo en el bolsillo de su cazadora. Luego ayudó a su madre a preparar unos cuantos bocadillos en pan tierno y crujiente. Rosa había madrugado para subirlo de la panadería recién hecho para que Santi lo llevara a la excursión.

—A ver si te portas bien y obedeces a la señorita Clara, que los chavales os desmandáis y hacéis el burro en cuanto se os da un poco de libertad. Pásalo bien, pero ya sabes... que no me entere yo de nada que no debas hacer. No quiero ni una queja de tu comportamiento.

—¡Que si, mamá! ¡A ver si te crees tú que no sé cómo debo portarme fuera de casa!

—Y no se te ocurra arrancar plantas ni cortar ramas de los árboles, ni subirte a ellos... Bueno, ya os lo habrá dicho la señorita Clara.

—Si mamá. Primero ella, ahora tú y encima ya me lo sabía. Esas cosas yo nunca las hago. Y venga, dame la mochila de una vez, que voy a llegar tarde.

Estaba tan impaciente que ni siquiera esperó al ascensor y salió corriendo escaleras abajo.

* * *

Casi todos sus compañeros estaban ya en el autobús. La señorita Clara le sonrió como siempre.

—¡Venga, Santi! ¡Que te quedas en tierra!

Luisito y Fernando se habían sentado juntos y apenas quedaban asientos sin ocupar. Había uno vacío al lado de Marisa. Santi no supo qué hacer...

—Puedes ponerte aquí si quieres –le invitó Marisa–. A Marieta no le han dejado venir y Vero está castigada por lo del copieteo.

Ante tantas facilidades, Santi se sentó sin dudarlo un momento.

La seño subió dando las últimas instrucciones. Luego arrancó el autocar. Algunos dijeron adiós a los familiares que habían ido a acompañarles.

—¿Quieres un chicle de menta?

—¡Vale!

Masticaban los dos mirando por la ventanilla sin saber qué decir. No había pretextos para hablar. Ni los problemas, ni los ejercicios de lenguaje, ni preguntar lo que daba la división...

—¿Te gustan los chicles de menta? –preguntó por fin.

—Pues sí. Me gustan mucho.

—A mí también.

Santi la miraba de reojo de cuando en cuando. El autocar subía por una carretera ancha y empinada, con muchas curvas y árboles a los lados. Se veían montañas también a lo lejos. Era un paisaje muy bonito.

—¡Qué pinos más hermosos! –exclamó Santi por decir algo.

Marisa se rió enseñando sus dientes menudos.

—No son pinos. Son olmos. Y aquellos más altos, de hoja alargada, eucaliptos. Los pinos son los que hemos pasado antes, que había muchos iguales.

—No conozco los árboles, la verdad. Nunca me he fijado. Me gustan, pero no me sé los nombres –confesó.

—Yo sí. A mí me encantan las plantas y las flores. Imagino que hoy veremos muchísimas. Me he traído un bloc para dibujar las que no conozca y cogeré algunas. Luego, en casa, que me digan el nombre. Mi padre sabe como se llaman casi todas. Salimos mucho al campo y tenemos un montón de libros donde vienen fotografiadas.

Media hora después el autocar paró en mitad del monte, en una explanada donde había mesas y bancos hechos con troncos de árboles, barbacoas, leña para encender fuego y un pequeño refugio con agua corriente y servicios donde fueron rápidamente casi todos a hacer pipí y a lavarse un poco los tres que se habían mareado.

Luisito se había llevado un balón nuevo de fútbol. Se acercó a Santi con otros tres chicos de la clase.

—Los del B están preparados. ¿Echamos un partido antes de comer?

—Pues no lo sé –Santi dudaba–. Quería darme una vuelta por ahí para ver las plantas y los animales.

—Pero ¿qué dices, tío?

—Ya que estamos aquí vamos a aprovechar el tiempo para aprender algo de la naturaleza. ¿No os parece?

Los chicos se miraban unos a otros sin entender nada.

—Bueno. Yo me voy de exploración –dijo Marisa.

Y echó a andar hacia los árboles más cercanos.

—¡Espera! Nos vamos contigo –dijo Santi rápidamente–. Podemos jugar después y pasear un poco ahora. Todo esto es precioso, deberíamos verlo primero.

Luis volvió a mirarle extrañado, pero le siguió con los otros. Iban en fila india subiendo la ladera detrás de Marisa, que había cogido un buen ritmo de marcha.

Santi, mientras tanto, buscaba con disimulo en el cuerpo del memoriápodo las patas de Naturaleza y decía entre dientes:

—Necesito demostrarle a mis amigos ,y sobre todo a Marisa, que sé mucho de las plantas que vamos a encontrar por esta sierra adelante. ¿Me oyes, Mémor?

—Bueno –le contestó– Pero después, al volver, me dejas por ahí, que disfrute del campo hasta que nos marchemos. ¿Vale?

—¡Trato hecho! –dijo Santi muy bajito.

—¿Qué murmuras? –le preguntó Luis.

—Nada. Que es cansado este repecho.

—Te jorobas. Yo no te mandé subir.

Al llegar arriba vieron un riachuelo del otro lado. Discurría entre rocas y árboles esbeltísimos.

—Mira. Son álamos –aseguró Santi, señalándolos.

Marisa le miró sorprendida.

—Sí. Son álamos negros, pero ¿no decías que no conoces los árboles?

—Bueno, tengo una pequeña idea de algunos.

—¿Y por qué sabes que son álamos? Los chopos son muy parecidos. A mí me confunden a veces.

—Esos son álamos. ¿No ves el verde más oscuro? Las hojas por detrás tienen como una pelusilla plateada. Los chopos son verde claro.

—Y aquéllos, ¿los conoces?

—¡Claro! Son hayas. Y allí a la derecha hay unos castaños.

—Son árboles todos –decía Luis resoplando–. ¿Qué importancia tiene el nombre? Parecéis una enciclopedia.

—¿Has visto Marisa, qué bien huele el romero? –preguntó Santi sin hacerle caso a su amigo–. Está ya florido. Si quieres te cojo un poco.

—¡Pero bueno! ¿Qué narices pasa aquí? ¿Vamos a pasarnos todo el día hablando de los aromas campestres? ¡Os podéis ir a la porra! Nosotros nos vamos con los del B a jugar. ¡Pues vaya muermo de excursión! –protestó Luis.

Les dejaron solos.

Una hora después volvieron con el grupo. Habían recogido flores y hojas para enseñárselas a los compañeros.

Santi iba dando las explicaciones pertinentes. La señorita Clara estaba alucinada y Marisa convencida de que su amigo sabía de plantas mucho más que su padre. ¡Dónde iba a parar!

—Estas campanillas blancas son de la correhüela, una enredadera que la comen muy bien los conejos. Estas amarillas se llaman amargón o diente de león y estaban en una pradera. Luego hemos encontrado cerca del río éstas: trébol, hierba centella y margaritas. ¡Ah! Mirad, ¡qué bonitas las hojas del castaño!

Luego empezó con otra cantinela.

—Hemos visto mirlos, camachuelos y una urraca. Pero ciervos ni uno. Deben de estar más arriba...

—Oye, tío –le dijo Luis cuando acabaron sus explicaciones y se quedaron solos–. ¿A ti que te pasa hoy, que estás hecho un idiota?

—¿Por qué lo dices?

—¡Hombre! ¡Llevas toda la mañana hablando de pajaritos y flores! Si te parece poco... ¿Es por Marisa?

Santi no contestó.

—Jo, es que no te entiendo. No has distinguido en la vida una rosa de una berenjena y hoy nos sueltas esa desempollación tan terrible. Debes de tener fiebre. Venga; a ver si te espabilas con el fútbol.

—Pero ¿no habéis jugado ya?

—¡Qué va! Aquí nadie se ponía de acuerdo y la mayoría andaban por ahí. Hemos peloteado un poco algunos, pero nada organizado.

—Un momento. Espérame un momento. No te muevas.

Santi salió corriendo y se perdió entre los árboles. Llegó hasta unas grandes rocas y allí sacó al memoriápodo y lo puso en una parte sombreada, donde había bastante musgo.

—¡Ay, que bien! ¡Menos mal! ¡Qué ganas tenía de salir del bolsillo y respirar este aire tan sano! Creí que te ibas a olvidar de sacarme!

—Pues casi, casi.

—Era lo que me faltaba después de lo que te he ayudado, que jugaras conmigo al fútbol o al pilla-pilla, te cayeras y me espachurraras sin darte cuenta... Anda, déjame solo. Vete, que te esperan.

—¿Y qué vas a hacer por ahí, Mémor?

—¿Y a ti qué te importa, niño? Voy a disfrutar de la vida y a ver si encuentro alguno de mi especie. Porque estoy hasta las antenas de las tonterías de los humanos... Hoy realmente estás idiotizado con la Marisa ésa ¿o no?

—Bueno... es que me gusta... ¿Qué te parece a ti?

—Pssst. Pues no sé. Un poco delgaducha. No está mal, pero tampoco es para que me hagas soplarte todos mis conocimientos de Botánica... Anda, anda, vete con ella, con Luis o con quien te dé la gana, pero déjame un ratito, que quiero tranquilidad... ¡Oye! –añadió-, espero que no se te olvide recogerme. En cuanto den la orden de marcha, te pasas por aquí, que aquí estaré para irme contigo a casa.

Santi volvió con los futbolistas que le esperaban.

—Pero ¿dónde te habías metido, so plasta? –preguntó Luis.

Santi no le contestó, pero sí dijo:

—Oye, Luis, cuando vayamos a irnos me recuerdas que tengo que coger un poco de musgo. Que no se te olvide.

—¿Musgo? ¿Es que vas a poner el Nacimiento en abril? ¡Pues chico! ¡Estamos aviados con tu manía de las plantitas!

—Eso es asunto mío. Tú me lo recuerdas y ya está.

* * *

Dos días después de la excursión dieron los boletines. Santi tuvo, efectivamente, unas notas magníficas y tanto la maestra como sus padres se pusieron contentísimos. Él no estaba tan satisfecho, porque el modo de conseguirlas no le había parecido adecuado y a ratos se sentía descontento consigo mismo. Pero aunque fuera con trampas, aquel bicho había sido su salvación.

Sólo tenía que meter la mano con disimulo en el bolsillo de la cazadora y tirar de la pata adecuada cada vez que le preguntaban en clase o le sacaba la seño a la pizarra.

—Santi, ¿recuerdas los nombres de los planetas?

Pata número 38 de la derecha y ¡zas!

—Mercurio, Venus, Tierra, Marte, Júpiter, Saturno, Urano, Neptuno y Plutón.

—Santi, ¿qué huesos tenemos en el brazo?

—Húmero, cúbito y radio, señorita –contestaba Santi rápidamente después de dar un tirón a la pata número 39 del lado izquierdo.

La señorita Clara casi siempre le preguntaba a él, le ponía de ejemplo y parecía quererle más que antes. Sin duda pensaba que en el cambio que había dado, ella también había contribuido; que de alguna manera era obra suya.

Pero con lo que más feliz se sentía Santi era con el juego que tenía desde los Reyes. Frecuentemente jugaba con Luis, Marisa y otros compañeros. Se lo llevaba al colegio y en el recreo, sobre un banco del patio, los dejaba deslumbrados porque en cuanto pedían las letras, el memoriápodo le decía desde las profundidades del bolsillo:

—Puedes formar las palabras tal y tal y tal…

Él elegía entonces la más larga, la de ocho o nueve letras, y ganaba siempre los cromos, las pegatinas o las bolas que habían apostado. Y conseguía la admiración y el respeto de todos.

Rosa se deshacía en alabanzas a su hijo.

—Antes le mandaba a la tienda a comprar y venía sin la mitad de las cosas; era despistadísimo y en el colegio iba fatal. Ahora, en cambio, trae unas notas inmejorables y además se ha vuelto mucho más cuidadoso. Antes dejaba la ropa tirada por cualquier sitio, en cambio ahora llega de clase y todas las tardes cuelga, dentro de su armario, la cazadora nueva que le compré para su cumpleaños. No tengo ni que decírselo. Da gusto con él, últimamente.

Y las otras madres que la escuchaban querían que sus chicos fueran como él.

El padre estaba también contentísimo.

—Si continúa sacando tan buenas notas –aseguraba a sus compañeros de trabajo– no habrá carrera que se le resista. Podrá hacer arquitectura, aeronáutica, en fin, lo que le dé la gana... es un prodigio de chico. ¡Con los malos ratos que nos ha hecho pasar!

A pesar de sus triunfos, Santi seguía pensando en hacerse futbolista. Sabía que lo que le estaba pasando tenía un truco y que seguía tan olvidadizo y despistado como siempre. ¡Ay, si no fuera por el memoriápodo! Por eso le cuidaba tanto y le preguntaba frecuentemente:

—¿Qué tal, Mémor? ¿Vas bien ahí?

—Perfectamente, Santi.

Cambiaba cada pocos días los pañuelos de papel del bolsillo de la cazadora y los arrugaba para que estuviera lo suficientemente cómodo y mullido. Y al llegar a casa la ponía inmediatamente en una percha, en el armario, para que nadie más que él la tocara.

Sin embargo pronto tendría que buscarle otro escondite para llevarlo a clase. La primavera iba avanzando y eran frecuentes los días soleados y agradables. De momento, él seguía aferrado a su cazadora, en uno de cuyos bolsillos iban su memoria y su talento. No se la quitaba ni a sol ni a sombra. La señorita, a veces, se extrañaba.

—Santi, ¿cómo llevas la cazadora en clase? ¡Hace mucho calor! ¡Qué barbaridad!

Y era cierto. El sol entraba a raudales por las ventanas abiertas. Todos los alumnos iban de manga corta.

—Es que me dijo mi madre –mintió– que no me la quitara. Por si cogía frío. Como en el fin de semana estuve tan resfriado…

—Bueno, bueno –decía la señorita–. Pero es que debes estar cociéndote.

¡Naturalmente que se cocía! Sin embargo, Santi aguantaba y aguantaba los terribles sudores. ¿Cómo, si no, iba a responderle antes que nadie cuando le preguntara? ¿De qué manera iba a hacer los problemas o las cuentas?

Tenía que decirle a su madre que le comprara una camisa de verano con bolsillos. En su armario no había ninguna donde pudiera llevar a Mémor.

6

Día de colada

Aquella tarde jugaron también al fútbol contra los del B y les ganaron. Santi, Luisito y otro de los chicos de su clase fueron los autores de los goles. Quedaron 4 a 1.

Llegó a su casa tan contento, con los libros y la cazadora bajo el brazo y dejó todo sobre una de las banquetas de la cocina. Su madre estaba allí, dándole de merendar a la niña y fue a darles un beso.

—¡Hijo, por Dios! ¡Hay que ver cómo vienes! ¡Qué manera de sudar! Date un baño ahora mismo y cámbiate de ropa.

—¡Dos goles, mamá! ¡He metido dos goles! ¡Y Luisito otro! ¡Menuda paliza! ¡Cuatro en total que les hemos clavado!

—Anda, anda, dúchate, que estás hecho un asco. ¡Y quítate las botas aquí mismo, que me vas a llenar todo de tierra!

Mientras Santi se iba desatando los cordones, la madre continuó:

—Cuando te arregles vas a bajar a la tienda, que hay que traer algunas cosillas.

Santi se duchó. Después del cansancio del partido se agradecía el agua fresca y la caricia de la esponja y del gel.

Se puso una camiseta y un pantalón corto pero necesitaba al memoriápodo para ir a comprar, así que volvió a la cocina. Si llevaba la cazadora sobre los hombros, no le daría mucho calor.

Se quedó de piedra al ver que la cazadora había desaparecido, sin embargo los libros seguían estando allí.

Casi adivinó la respuesta antes de preguntar por ella.

—Está en la lavadora –aclaró la madre–. Acabo de meterla con la ropa que traías toda sudada. La verdad es que estaba muy sucia y es mejor guardarla en condiciones hasta el otoño.

Santi corrió hacia la puertecilla transparente. Allí, dando vueltas entre el agua jabonosa estaba su cazadora. ¡Y su memoriápodo! Estuvo a punto de desmayarse de la impresión y empezó a gritar igual que un loco y a dar puñetazos encima de la lavadora.

—¡Mamá, mamá! ¡Para este trasto! ¡Tengo en la cazadora algo muy importante! ¡No puede mojarse! ¡Mamá! ¡Párala, mamá!

Estaba nerviosísimo y con los ojos llenos de lágrimas. Su madre se asustó mucho.

—Pero ¿qué te pasa, hijo? –preguntó poniendo a Rosi en el suelo.

—¡Que la pares ahora mismo! ¡Vacía el agua! ¡Tengo que sacar mi cazadora! ¡No debes lavarla!

—¡Pero cómo no la voy a lavar, después de tantos meses con ella puesta! No miré los bolsillos, pero si son papeles ya se habrán deshecho…

—¡Que la vacíes, por favor, mamá! ¡Es cuestión de vida o muerte!

Santi se precipitó hacia el bombo de la lavadora. En cuanto vio descender el nivel del agua la abrió y cogió la cazadora saliendo disparado con ella hacia su habitación. Y por supuesto, salpicando todo el suelo con el agua que escurría.

—¡Pero niño! ¡Estás chiflado! ¿Has visto cómo lo has puesto todo? ¡Ya lo estás recogiendo ahora mismo con la fregona! ¿O es que piensas que voy a ir yo detrás limpiando lo que tú manchas? ¡Vuelve aquí inmediatamente!

Santi ni siquiera la oía. Con la cazadora chorreando sobre la mesa de su habitación, buscó afanosamente al memoriápodo entre los papeles mojados del bolsillo superior izquierdo. Luego, sin saber ni lo que hacía, la tiró sobre la cama.

El memoriápodo tenía muy mal aspecto. Sin duda había muerto de un atracón de detergente y agua. Sus patas estaban encogidas y pegadas al cuerpo, no se movía y, al balancearlo, la cabeza se le caía sin fuerza. Sobre la mesa, totalmente inmóvil, iba quedándose en la postura que él lo colocaba.

Con una camiseta, que fue lo primero que agarró en el armario, lo secó cuidadosamente y encendió el flexo para darle calor tratando de reanimarlo.

Fuera, su madre aporreaba la puerta.

—¡Santi! ¡Santi! ¿Se puede saber lo que te pasa? ¡Abre la puerta ahora mismo! ¡Que abras te digo!

La silla que había puesto presionando contra el pomo, se movía tanto que tuvo miedo de que su madre echara la puerta abajo.

—¡No puedo abrir, mamá! –le gritó—. No te preocupes, que salgo pronto.

—¿Quieres abrir la puerta de una puñetera vez? ¡Voy a darte un par de tortas que verás! ¿Qué es lo que te pasa?

Pero Santi no abría.

—¡Ya verás! ¡Ya verás cuando venga tu padre!

Aquello fueron palabras mayores. Su padre sí que podía tomar determinaciones más enérgicas.

—¡Ahora mismo salgo! ¡No seas pesada!

De repente se acordó del supermercado.

—¡Mamá! ¡Que vayas tú a comprar, que yo no puedo!

Y todo esto sin abrir la puerta. Rosi se había puesto a llorar desconsoladamente al oír el escándalo y los gritos de los dos.

—¡Que abras te digo! ¡Y ahora mismo!

Los golpes en la puerta eran tremendos. Su madre estaba realmente enfadada. No tenía más remedio que abrir si no quería complicar aún más las cosas.

Metió al desmadejado memoriápodo en el fondo del cajón del escritorio, sobre unas cuartillas, y lo tapó con cromos y otros papeles. Luego lo cerró precipitadamente y corrió a retirar la silla.

Su madre giró el pomo y entró en la habitación. Estaba hecha una furia.

—¿Qué es lo que pasa aquí, Santi? ¿Se puede saber por qué no me abrías?

—Bueno... es que yo... verás...

Sólo pudo decir eso antes de recibir tres o cuatro cachetes.

La madre lanzó un grito.

—¡Ay, qué horror! ¡La cazadora chorreando encima de la cama y todo empapado! ¡Qué barbaridad! ¡Dame esa cazadora ahora mismo!

—Sí, sí. Tómala –dijo Santi.

Un reguero de agua atravesaba la habitación del escritorio a la cama.

—¿Se puede saber qué había tan importante para que hayas armado este cisco?

—Nada, nada. Mira, unos ejercicios...

Santi metió la mano en el bolsillo superior izquierdo y sacó los pañuelos desmenuzados.

—Había copiado unos ejercicios –mintió– y ahora se ha deshecho la hoja. Y son para mañana.

—¿Y por esa tontería me montas este número? No sé si darte otra bofetada. ¡Mira que organizar este escándalo! ¿Es que no podías llamar a Luisito o cualquier compañero y preguntar lo que tenías que hacer?

—Pues sí, mamá. Pero me cogió de sorpresa y me ha dado mucha rabia. Eso es lo mejor. Disculpa.

—¡Nada de disculpas! ¡Ya estás recogiendo toda el agua y dejando la cocina, el pasillo y tu cuarto como los chorros del oro! ¡Si parece que hemos tenido una riada! ¡Y esta noche dormirás en la cama mojada como no te la seques tú; no pienses que te voy a cambiar la ropa! ¡A quién se le ocurre! ¡Estamos listos con el niño éste! ¡Mira que dejar la cazadora chorreando encima de la cama! ¡Como haya llegado hasta el colchón, te la vas a ganar, pedazo de tonto!

Santi volvió a meter la cazadora a lavar y secó pacientemente los suelos hasta que todo quedó como antes.

Su madre atendía a Rosi y le calmaba la rabieta.

—¡Calla, bonita, calla! ¡Si no pasa nada, cielo mío, no te asustes! ¡Es que

Santi ha sido malo y me hace enfadar! Pero tú no llores, mi vida, que mamá te quiere mucho...

Aprovechó para echarle una ojeada al bicho y eso le desanimó bastante. Mémor permanecía inmóvil, en su mano, bajo la luz del flexo. Ni siquiera reaccionaba cuando lo acariciaba con un dedo a lo largo de todos los anillos. Seguro que estaba totalmente difunto.

Su madre le llamó y volvió a meterlo en las profundidades del cajón.

—¿Has terminado ya? –preguntó muy seria.

—Sí, mamá. Ya está todo listo.

—Pues baja al súper y me traes la compra. Había dejado la lista en la mesa de la cocina, pero no la encuentro. Se habrá perdido con todo el barullo que has armado...

La lista no aparecía por ningún sitio.

—Bueno, es igual –dijo Rosa–. Traes yogures, tomates, dos botellas de aceite...

Santi la interrumpió bruscamente.

—¡Que no, mamá! ¡Que no puedo bajar a comprarlo! Mamá, por favor, vete tú. Yo me quedo con la niña. No te preocupes, que la cuidaré, pero no me hagas bajar. Es que no puedo...

—¿Me quieres decir qué bobada es ésta? Santi, Santi, ¡que te la estás ganando!

—¡Que no bajo y ya está! ¡Que no puedo ir! ¡Baja tú! Tú sabes comprar mucho mejor; luego me dices que me dan los filetes duros.

—¡Pero si no me tienes que traer carne... y son cuatro cosas...

—¡Que no puedo bajar! ¡Aunque no lo comprendas, no puedo bajar al súper!

—¡Hijo mío, estás imposible! ¡Vaya tarde! ¡Ya verás cuando vuelva papá!

—Porfa, ma. Baja tú. Yo atiendo a Rosi.

—Vale, vale, pero ésta te la guardo. Ya verás cuando me pidas alguna cosa que te interese.

En el momento en que vio a su madre cerrar la puerta, dejó a su hermanita en el suelo de la cocina y corrió a precipitarse sobre el cajón del escritorio.

No había ninguna novedad. El memoriápodo estaba encogido, en la misma postura que lo dejó, y algunas manchas de humedad y diminutas burbujas mojaban la cuartilla al lado de la boca del bicho, como si hubiera devuelto unas gotas de agua y detergente.

Volvió a mirarlo bajo el flexo encendido.

—¡Venga, memoriápodo! ¡Anímate! ¿Qué voy a hacer sin ti?

¡No te mueras! ¡Volveré a ser el desastre de antes! ¡Me suspenderán si me dejas! ¡Vamos, Mémor, ánimo!

Pero el memoriápodo nada. Ni caso.

Al poco rato oyó el ascensor que se paraba. Sin duda era su madre. Guardó al bicho en el cajón y fue corriendo a la cocina para coger a la niña que gateaba por el suelo.

Cuando la madre entró en casa vio a los dos jugando en el sofá. Santi le hacía cosquillas a Rosi que reía sin parar. Daba la impresión de que estaban la mar de entretenidos.

Santi intentó que su madre olvidara la trifulca que habían tenido. Cuidó a Rosi, le ayudó a colocar la compra en la despensa y a tender la ropa, puso la mesa para la cena y secó con la plancha caliente la colcha y las sábanas humedecidas. Se portó tan bien que su madre no quiso contar a su marido, cuando llegó, el raro episodio de la lavadora para que no se llevara un disgusto. Al fin y al cabo no había pasado nada. Debía ser que Santi estaba nervioso porque se iban acercando los exámenes finales.

Paco notó a su hijo algo distinto, pero no dijo nada al verlo tan callado durante la cena. En cuanto terminaron dijo que se iba a su cuarto a estudiar y pidió por favor, la mar de fino, que no le molestaran.

—¿Qué le pasa a este crío hoy, Rosa? Le noto algo raro.

—Está muy nervioso. Debe de ser el fin de curso. Hoy ha armado una buena al volver del colegio y le he regañado, pero ya se le pasará. No tiene importancia.

Mientras tanto, Santi había vuelto a sacar el bicho del cajón. El memoriápodo no tenía mejor aspecto. Le dio muchas vueltas pero no pudo reanimarlo y su frialdad le daba miedo.

—Sólo los cadáveres están fríos –pensaba constantemente–. Está muerto. Muerto por mi culpa. Nunca debí dejar la cazadora en la cocina. Mientras la colgué en la percha diariamente a mamá no se le ocurrió lavarla...

Ya en pijama, salió al cuarto de baño para coger un buen trozo de algodón del paquete que había en el estante. Así Mémor estaría mullidito y cómodo y el calor seguro que le vendría bien.

—¡Vamos, anímate!

Envuelto en el algodón como si fuese un dedo herido, volvió a ponerlo bajo la luz y el calor del flexo. Antes tuvo la precaución de colocar la silla contra el pomo de la puerta, atrancándola.

Estuvo mirándole durante minutos que le parecieron horas. De cuando en cuando lo desenvolvía y contemplaba en la palma de la mano aquel cuerpecillo muerto, pero no se resignaba a que todo hubiera acabado. Le parecía que a veces, las finas antenas se movían ligeramente y los anillos tenían pequeñas contracciones. Tenía que reanimarlo como fuera.

Dejó de oír el ruido de la tele. Sin duda sus padres iban a acostarse.

—¿Qué haces aún con la luz encendida, Santi? ¡Es tardísimo!

El padre intentó en vano entrar en la habitación.

—¿Y por qué has atrancado la puerta? ¿Qué es lo que haces, niño? ¡Venga! ¡Apaga la luz ahora mismo que es cerca de la una!

—Sí, papá. Ya voy.

—Y que sea la última vez que te encierras. ¿Me has oído, Santi? ¡Que sea la última vez!

* * *

Santi no consiguió dormirse. Intentaba no pensar en el memoriápodo, inmóvil en el fondo del cajón. Cerraba los ojos tratando de olvidarlo, pero no podía...

Cuando la casa estuvo en silencio total y por la calle apenas se oía el ruido de algún coche lejano, se levantó de nuevo y encendió la luz del flexo.

Volvió a mirar al animalito separando los papeles que había puesto encima. Pero Mémor, envuelto en el algodón, seguía quieto como un muerto.

Santi lo desenvolvió con mucho cuidado y lo puso bajo la luz. Nada. Aquello era una pesadilla. ¿Cómo podía haber ocurrido una cosa tan estúpida? ¡Ir a morir ahogado en una lavadora, entre calcetines y calzoncillos! ¡Con el cuidado que él tenía de su memoriápodo!

De repente se le movió la cabeza en la palma de la mano y sus patas encogidas rozaron la piel de Santi y le hicieron estremecer. ¿Sería posible aquello?

—¡Ponte bien, por favor! ¡Ánimo, amigo!

El memoriápodo volvió a moverse. Su cabeza oscilaba intentando orientarse.

—¿Do... do... dónde estoy? –acertó a preguntar–. ¿Qué ha pasado? ¿Eres tú, Santi?

Santi suspiró aliviado. El corazón le estallaba de alegría.

—Has estado «grogui» muchas horas. Mi madre te metió a lavar con la ropa sucia. Se le ocurrió echar la cazadora para guardarla limpia hasta que vuelva a hacer frío y tú estabas en el bolsillo. No me dio tiempo a sacarte. Fue en el momento que me estaba duchando. Lo siento, Mémor.

—No recuerdo nada, nada –dijo el memoriápodo–. Sólo una especie de mareo, una sensación terrible de estar girando y no poder parar...

—Sería cuando dabas vueltas en el tambor de la lavadora. Fue espantoso, Mémor.

—Estoy mal, muy mal. Me duele mucho la cabeza...

El memoriápodo intentaba coordinar los movimientos de sus patas para andar, sin conseguirlo. Santi lo puso encima de la mesa mientras le aclaraba:

—Seguramente tragarías detergente con el agua. Y el que usa mi madre lleva lipofosfatos o no sé qué para dejar la ropa más blanca; lo dice la tele. Y eso seguro que es una porquería. Debes de estar intoxicado.

—Necesito aire fresco... Estoy fatal. No respiro bien.

Santi abrió la ventana procurando no hacer ruido. El reflejo de la luna se coló en el dormitorio.

—Eso es. Déjame aquí. Que me dé el aire.

—No puedes quedarte en la ventana. No creo que sea bueno para ti, Mémor. Cogerás una pulmonía...

—Deberías saber que yo no tengo pulmones. Anda, déjame, por favor –insistió el bicho–. Me siento muy mal y necesito limpiar mis tráqueas de ese detergente con aire fresco y limpio.

—Bueno, mira. Te pondré en esta maceta, debajo de las hojas. Ya sé que no es la Sierra del Tomillar y que en los bosques se respira mucho mejor, pero este geranio es como un árbol para ti.

—Sí, sí. Déjame ya, anda.

Santi colocó cuidadosamente al memoriápodo sobre una hoja, pero luego no supo qué hacer.

—Vuélvete a la cama –le ordenó–. Y duerme tranquilo. Creo que ya estoy un poco mejor. Acuéstate, anda. Mañana vas a estar hecho polvo.

Se acostó rendido, pero apenas pudo dormir. Había sido un día terrible y a ratos tuvo pesadillas. En sueños veía al memoriápodo girando en la lavadora, pidiendo socorro mientras agitaba sus múltiples patas, lleno de desesperación. El agua jabonosa caía sobre él como una catarata. Le arrastraba y lo sumergía en blancos abismos llenos de burbujas de detergente sin que pudiera agarrarse a ningún sitio. Santi intentaba atraparlo sin conseguirlo; estaba muy resbaladizo y no podía cogerlo.

Varias veces se despertó sudando y sobresaltado y corrió a la maceta de la ventana, a ver si su amigo seguía allí. Y allí estaba el pobre. No parecía haberse movido de la hoja ninguna de las veces que fue a mirarlo.

Pero por lo menos le hablaba.

—¿Qué tal sigues, Mémor?

—Mejor. Estoy un poco mejor –contestaba sin ganas.

* * *

Cuando su madre le llamó para ir al colegio salió disparado de la cama y lo recogió de la maceta. Nada había cambiado, así es que lo envolvió nuevamente en el algodón y para que nadie lo descubriese fue a parar a las profundidades del cajón, bajo unas cuartillas.

Era la primera vez en mucho tiempo que iba a clase sin su memoriápodo y lo echó mucho de menos. Ese día la señorita Clara no le preguntó y como estaban repasando para la evaluación final, trabajaban con los libros y no era demasiado difícil. De todas maneras echó más de una ojeada al cuaderno de Fernando que se sentaba cerca de él. Por si las moscas.

Antes de salir la profesora les dijo:

—La semana que viene os haré algunos controles que influyen mucho en las calificaciones finales. A ver si vais estudiando algo en casa, que para eso os lo digo. Primero, como siempre, haremos el de matemáticas...

7

Averías

El lunes para ir al colegio, Santi se puso la camisa de cuadros con un bolsillo delantero que le había comprado su madre. Metió al memoriápodo en él con mucho cuidado.

La verdad es que el bicho no había estado muy animado últimamente. Hablaba poco y le costó trabajo recuperarse del remojón, pero Santi se sentía feliz de que estuviera otra vez con él. Había pasado muchas horas de angustia creyendo que había muerto.

La señorita Clara, sonriendo como siempre, repartió los folios.

El control no tenía ninguna dificultad: ejercicios de cálculo, problemas, potencias, fracciones... todo lo que habían dado a lo largo del curso... ¡Bah, chupao! –pensó Santi–. Ya había hecho muchos parecidos en los últimos meses con unas notas brillantísimas, así que era la mar de fácil. En poco tiempo, listo.

Decidió empezar por las divisiones y tiró de la pata correspondiente.

El mensaje del memoriápodo le dejó helado:

«Entonces Hernán Cortés decidió desembarcar en la isla de Cozumel, pero unos días después se hizo de nuevo a la mar...»

—Pero bueno, ¿qué pasa aquí? –se preguntó–. Debe de ser la falta de práctica de estos días sin Mémor. He debido confundirme de pata.

Volvió a intentarlo. Esta vez estaba totalmente seguro. Era la que correspondía a las divisiones. No podía fallar.

«El Duero nace en los picos de Urbión, en la provincia de Soria...»

Por lo visto lo que estaba fallando era el memoriápodo. Santi empezó a ponerse nervioso.

—Está bien. –se dijo muy resuelto–. Haré los problemas primero. Me da igual.

Eran las patas número 21. Lo recordaba perfectamente. Las había utilizado multitud de veces.

«Rubén Darío pertenece a un movimiento literario llamado Modernismo...»

—¡Mi madre! ¿Qué pasará? ¡Nada! ¡Que no hay manera!

Santi tiraba de las patas ya al azar, esperando que hubiera alguna que pudiera ayudarle a realizar los ejercicios. Pero era imposible.

Volvió a intentarlo otra vez. Cada vez se ponían las cosas peor.

«Dos y una son tres. Nueve entre cuatro a dos y me sobra una. Mercurio, Venus, Tierra, la tibia y el peroné. Seis y tres, nueve. Miño, Duero, Tajo. Felipe II mandó construir el monasterio de El Escorial...»

La verdad es que cuántas más patas tocaba el lío era mayor.

Había tenido un fallo terrible. Jamás debía haber ido a clase a hacer el control sin probar de nuevo al memoriápodo, pero como en los días que siguieron a su lavado forzoso se fue reponiendo poco a poco, no se le ocurrió que sus facultades prodigiosas hubieran quedado tan mermadas. Realmente habían desaparecido. Y él no sabía qué hacer.

Empezó a sudar y a darle vueltas a la goma y al lapicero. Hacía calor, pero su sudor era frío y se sentía angustiado. Le parecía que se estaba mareando.

—Señorita Clara. No me siento bien. ¿Puedo salir un momento al lavabo? –preguntó.

La profesora torció un poco el gesto. Luego dijo:

—Sal, pero vuelve inmediatamente. Estamos en un examen. ¿Quieres que te acompañe alguien?

—No, seño. No hace falta. Vuelvo enseguida; no es nada.

Al llegar a los servicios sacó al memoriápodo del bolsillo y se lo puso en la palma de la mano.

—¡Uff! ¡Qué asco! –protestó el bicho–. ¡Estás pringoso y con la mano húmeda! Haz el favor de dejarme en esa esquinita del borde del lavabo.

Santi obedeció mientras preguntaba:

—¿Puede saberse qué te pasa? ¡No das una!

—¿Y qué quieres que haga? Hay algo en mi interior que no funciona. Las comunicaciones de petición de datos de las patas no llegan con claridad al cerebro. Hay como interferencias y no sé ni lo que digo.

—¡Pues sí que estoy aviado! ¡Tengo controles hasta fin de curso! ¿Y eso no tiene arreglo?

—De momento no. Lo siento. Me fastidia que por mi culpa te pase esto. Debía habérmelo imaginado y advertirte para que por lo menos me probaras antes en casa.

—No, no. Si la culpa ha sido mía por no colgar la cazadora aquella tarde. ¡Qué idiota soy! ¡Cada vez que lo pienso! ¡ Por mi culpa estuviste a punto de palmarla y ahora te he dejado sin saber nada, con ese barullo dentro! ¡Te has quedado igual de tonto que yo!

—No digas eso, Santi. Tú no eres tonto. Sólo tienes un problema.

—¡Y bien gordo! Como suspenda no veas tú la que se va a organizar en casa con las notas. ¿Y qué hago yo ahora? ¿Entregar el folio en blanco?

—¡No digas bobadas! Vamos a la clase y haces el examen. Tú como si nada. Algo podrás hacer, digo yo –le animó el bicho–. ¡Ah! Y refréscate la cara. La tienes como un tomate.

Santi obedeció. El contacto del agua fría sobre la cara y el pelo pareció aplacarle un poco los nervios.

Metió al memoriápodo de nuevo en el bolsillo y se volvió a la clase.

La señorita Clara le sonrió al entrar.

Le entró el mismo pánico de meses atrás al ver allí delante, encima de la mesa, el temido control que sin ayuda de Mémor llenaría de errores y barbaridades. ¡Seguro! Se echó a temblar de nuevo.

Estuvo a punto de confesarle todo a su seño y enseñarle el bicho. Tenía ganas de llorar y efectivamente se le soltaron las lágrimas. Los números del control le bailoteaban delante de los ojos. Encima había varias divisiones con decimales. Los problemas le parecieron horribles; no entendía ni jota. Y de las potencias es que ni idea. No podía hacerlo.

No le quedaba más remedio que echarle cara al asunto.

Con los ojos llorosos y la mano puesta en la frente se acercó a la mesa donde estaba la maestra.

—Señorita Clara, estoy muy mal. Muy mareado.

—¿No se te ha pasado, Santi?

Los ojos de la seño eran muy dulces. Parecía que acariciaba con ellos cuando le miraba. Por eso le daba tanta rabia tener que engañarla.

—No, seño. Cada vez estoy peor. Quiero irme a casa. Debo de tener mucha fiebre.

La señorita Clara tocó suavemente la frente de Santi y dijo:

—Puede ser... no, no me lo parece. Tal vez sea que algo te ha hecho daño. ¿Te duele el estómago, la tripa?

—Me duele todo, seño. Me mareo. Me mareo...

Santi se tambaleó como si fuera a caerse. La maestra lo agarró por los hombros.

—Siéntate, siéntate aquí –dijo llevándole hacia su sillón.

Puedes irte a casa. ¿Estará tu mamá allí? Debería venir a recogerte...

—Mi madre está en casa, con la niña. Pero es igual, ya se me pasará. Tengo que hacer el control.

—¡De eso nada! Encontrándote así no vas a estar pensando y discurriendo en malas condiciones. Te saldría mucho peor que otros y te bajaría la nota. No te preocupes, que ya lo harás.

Aquello era lo que Santi buscaba. No sabía cómo podría resolver el problema más adelante, pero tenía muy claro que aquella mañana no iba a arriesgarse a entregar, lleno de errores, un examen que no sabía hacer.

Quizá Mémor ya estuviera como antes para los controles finales.

—Mira. Vete a Dirección y dile a don Jesús que estás mal y te he dado permiso para salir al patio a tomar el aire. Si mientras tus compañeros hacen el examen estás allí, es posible que dentro de un rato te encuentres mejor. Si sigues igual llamaremos a tu casa y se lo diremos a tu madre. ¿Vale?

—Vale, seño. ¿Entonces, me voy fuera?

—Sí, sí. Deja el control, que ya lo harás otro día. No olvides decírselo a don Jesús. ¡Ah! ¡Y ponte a la sombra!

Santi recogió sus cosas precipitadamente y salió por el pasillo central haciéndose el mártir, poniendo cara de dolerle todo... Sobre la mesa quedaba el folio de su control.

Estuvo solo por el patio, pensando, hasta la hora del recreo. Cuando sonó el timbre bajaron sus compañeros y le rodearon, interesándose por él.

Luego llegó la seño. Le sonrió nuevamente con la boca y con los ojos mientras se le acercaba.

—¿Te sientes ya mejor, Santi?

—Sí, señorita. Ya estoy bien.

—Me alegro mucho.

Él también se alegraba mucho de que la señorita Clara fuese su maestra. ¡Era tan buena y tan cariñosa!

¡Qué rabia le daba contarle mentiras!

* * *

Al volver del colegio por la tarde, Santi pidió la merienda y se llevó el bocata de chorizo a su habitación.

—Que nadie me moleste –dijo cerrando la puerta–. Tengo que estudiar muchísimo hasta la hora de la cena.

—Bueno, Santi. Que te cunda mucho.

Tal y como acostumbraba últimamente, apalancó la puerta poniendo el respaldo de la silla contra el pomo. Luego sacó a Mémor del bolsillo de la camisa.

—Tenemos que arreglar esto. No puedes dejarme tirado ahora. Gracias a ti he ido sacando buenas notas últimamente. No puedo echarlo todo a perder. Estos controles próximos son definitivos y si no tengo tu ayuda seré incapaz de aprobar. Mis compañeros se reirán de mí. Pensarán que he vuelto a ser tonto... ¿Qué vamos a hacer?

—No creo que podamos hacer nada. Ni siquiera sé si con el tiempo se irá arreglando poco a poco mi avería. Este caso de que a uno le metan en una lavadora como a un vulgar calcetín, no se había dado nunca entre los memoriápodos.

Santi se sintió avergonzado.

—¡Ay, Mémor! ¡Si supieras qué disgusto tengo! Como la culpa fue mía...

—Ya, hombre, ya. Pero déjame, que estoy pensando. Tienes dentro de unas semanas los exámenes finales. Aunque yo volviera a estar como antes, sería cuestión de meses. Tal vez incluso de años. Estas averías son imprevisibles.

—No puedo esperar, Mémor. ¡Qué desastre! Y el disgusto de mis padres, no veas. Le darán al primo Alberto mi cazadora y me dejarán sin piscina todo el verano. Y seguro que...

—¡Cállate! ¡He dicho que me dejes pensar! ¿Crees que no es un problema para mí también? ¡Ya no sirvo para nada! –protestó el memoriápodo.

Hubo un largo silencio.

—¡Ya lo tengo! –exclamó de pronto Mémor.

—¿Sí? ¿De verdad?

—Bueno, tendremos que probar. Pero puede salir bien. Fíjate. Si por la mojadura y los lipofosfatos he perdido toda la información que tenía dentro o se me ha descolocado, pues ya ves cómo funciono de mal, habrá que meter nuevamente esa información en cada una de las patas. Es como volver a programarme...

—No sé lo que quieres decir, Mémor.

—Pues que tengo que almacenar otra vez los conocimientos en mi interior a través de la pata que corresponda.

—¿Y cómo vas a hacerlo?

—Con tu ayuda, naturalmente. Bueno, en realidad vas a hacerlo tú. Eres el único que puede conseguirlo. ¡No vamos a mandar a tu padre! ¡Se descubriría el pastel!

—Pero ¿cómo hay que hacerlo? No tengo ni idea.

—Si no te conociera, pensaría que eres tonto de verdad. ¡Ay, Santi, qué poco discurres! Si la información ha salido, hay que meterla. ¿Y dónde viene? Pues en tus libros de este curso, en las tablas, en las enciclopedias... Todo eso hay que almacenarlo de nuevo dentro de mí.

—¿Quieres decir que...?

—Quiero decir que no podemos perder ni un minuto o no nos dará tiempo. Tal vez mañana la señorita Clara te haga el control de Matemáticas y debo estar listo ya... pero además hay que meter lo de Sociales, el Lenguaje, las Ciencias Naturales... Debemos darnos prisa.

—¿Y de qué forma lo haremos? No tengo ni idea.

—Tú me tienes que dar la información que corresponde a cada pata mientras la sujetas firmemente; así entrará de nuevo en mí. Luego, al tirar, a lo mejor sale y todo es como antes. ¡Si nos da resultado, claro! ¿Probamos?

—¡Vale! –dijo Santi entusiasmado.

—Pues tráete las tablas. Empezaremos por ellas. ¿Cuál era la pata de las sumas? No debemos cambiar los conocimientos de pata para no liar más las cosas. ¿Lo recuerdas?

—Sí. Eso sí. A la derecha los números pares y a la izquierda los impares. Las sumas eran de la 1 a la 5; del par 6 al 10 las restas. Y luego había cinco pares para multiplicar y otros cinco para dividir; en la 21 los problemas y...

—¡Para, para, que hay que ir muy despacio! ¿Tienes las tablas? Bien, pues ahora agárrame la pata 1 fuertemente y lee en voz alta la tabla del 1, luego en la pata de enfrente la tabla del 2, o sea de tal forma que en las patas de la derecha queden los números pares... ¿era eso?

—Sí, sí. Eso era.

—Pues venga, empieza.

Santi agarró la pata que le había dicho el memoriápodo.

—¡Ay, bruto! ¡Que me haces daño!

—Perdona Mémor, pero como me has dicho que tiene que ser fuerte...

—Anda, lee la tabla de una vez. Y menos energía, que me la espachurras y luego encima estaré cojo. ¡Qué desastre de chico!

—Ya lo ves. Soy un inútil.

—¡Que no, hombre! No sé ya ni lo que digo. Los dos estamos muy nerviosos con esto que nos ha pasado. Anda, empieza, que no nos va a dar tiempo a todo.

Santi cogió la pata con más delicadeza y empezó a leer la tabla.

—Uno y cero es uno; uno y uno, dos; uno y dos, tres...

—Bien. Ahora la del dos en la pata de la derecha.

—Dos y cero son dos; dos y uno, tres...

Siguieron con las restas y las tablas de multiplicar. Ya estaban con la división cuando el padre de Santi llamó a la puerta.

—¡Santi! ¡Ya estoy aquí! ¿Estás estudiando, hijo?

—Sí, papá!

—Abre, anda.

Con un rápido movimiento, Santi lanzó a Mémor al fondo del cajón.

—¡Qué bestia eres, niño! –se le oyó murmurar.

Santi corrió a quitar la silla. Su padre le abrazó al abrir la puerta.

—¡Vaya manía que has cogido con la silla! ¿Eh?

—Es que estoy más tranquilo. A veces mamá llega dándome la lata con Rosi y no me puedo concentrar. Así es mucho mejor.

—¿Qué haces? ¿Con las tablas todavía? –preguntó mirando a la mesa, con cara de asombro.

—Las estoy repasando, por si acaso. Con un papel tapo el resultado y lo digo. Luego miro a ver si acerté. No he fallado ni uno –dijo bajando los ojos.

—¡Menos mal! ¡Ya era hora de que te las aprendieras de una vez... Bueno, te dejo… Cenaremos pronto. He venido con mucha hambre hoy.

—Luego me llamas. Voy a seguir otro poquito.

Volvió a poner la silla contra el pomo y sacó a Memor del cajón.

—A ver si tienes más cuidado. Me tiraste de cabeza contra una canica que había entre los papeles. Sólo me faltaba eso, según estoy.

—Perdona, Mémor. Fueron las prisas para que no te viera mi padre.

—Bueno. Sigamos. Con las patas 21 no podemos hacer nada. No puedes dictarme todos los problemas del mundo. Ni siquiera los que has hecho este curso; nos llevaría demasiado tiempo. Vamos a pasar a Naturaleza.

—Lo que tú digas.

—Vete leyéndome desde el tema 1 del libro hasta que te avisen para cenar. Luego seguiremos. ¡Y no me cojas la pata tan fuerte, hombre!

Efectivamente siguieron después. Santi devoró su cena como los pavos y se encerró nuevamente en su cuarto hasta que ya de madrugada, pasadas las dos, el padre le echó la bronca harto de oír el murmullo de su voz diciendo en voz alta las lecciones para que el memoriápodo las almacenara.

—¡Apaga la luz de una vez o cobras! ¡Habráse visto el niño! ¡Te estás pasando! ¿Es que no te llega todo el día, que hay que dar la paliza por la noche también? ¡Tengo que madrugar! ¡Vaya manía que ha cogido ahora con el estudio! –dijo irritado volviéndose a la cama.

—Sí, hijo, sí. Estamos arreglados –murmuró Rosa entre sueños.

Santi apagó la luz y se acostó totalmente agotado, pero no le importó el cansancio. Le había dado tiempo a meter bastante información de la que necesitaba en el memoriápodo. Claro que quedaba todavía muchísimo y había que acabar antes de la tercera evaluación. Y probar si funcionaba el truco. Eso era lo más importante de todo.

8

Tercera evaluación

Los días que siguieron fueron muy duros para Santi. Ya sólo tenía clase por la mañana, pero por las tardes no salía a jugar. Las pasaba invariablemente encerrado en su cuarto almacenando información en Mémor. No siempre lo conseguía.

Cuando empezaron a hacer pruebas los fallos del memoriápodo eran numerosos. No se confundía como antes, pero al tirarle de la pata correspondiente era como si estuviera mudo; no contestaba.

—Eso es que los circuitos no reciben la señal. Hay algunos que no están en su sitio. Cógeme la pata de nuevo y repite otra vez esas dos tablas que no salen.

Y Santi, armándose de paciencia, metía nuevamente la información.

Era una pesadez. Pero no había más remedio.

—¿Crees que el tema de la respiración, el 7, habrá quedado bien, Mémor? La seño dijo que era importantísimo.

—Creo que sí, pero para más seguridad agarra la pata de Naturaleza, donde debe estar y léemelo tres o cuatro veces más. Y con el de los mamíferos deberías hacer lo mismo. Es también fundamental. Seguro que os pregunta algo de él.

—No nos va a dar tiempo antes de cenar.

—Bueno, pues seguiremos después. Espero que tu padre no se enfade como el otro día al ver la luz del flexo.

—¡Hombre! ¡Cómo se va a enfadar! Sabe que son enseguida los exámenes y no tengo más remedio.

—Tienes mala cara –le advirtió Mémor–. Cara de cansado. Deberías irte mañana a jugar un partido o a darte una vuelta con Luis y los demás.

—No puedo. Hasta que no acabemos no puedo. Ya tendré tiempo después.

—Te lo estás tomando muy en serio. Eres un chico muy responsable.

—Es que me parece una tontería dejarlo ahora. ¿No te parece? Sería una lástima.

—Pues sí. Tienes razón. Anda –le animó el bicho–. Vamos a seguir con los mamíferos y las aves antes de que te llamen para cenar. Son los temas 10 y 11 ¿verdad?

* * *

Llegaron por fin los días de las evaluaciones finales, pero Santi estaba la mar de tranquilo.

La información necesaria, es decir, todo lo que venía en los libros de su nivel, estaba almacenada en el memoriápodo. Únicamente no consiguieron que funcionara bien la pata de los problemas, pero si no le salían bien, esperaba que la seño no lo tuviera mucho en cuenta. Al fin y al cabo había otras muchas cosas que podía hacer perfectamente.

Puso a Mémor en el bolsillo de su camisa dispuesto a utilizarlo con la misma facilidad que antes.

Aquella mañana empezaban con el control final de Matemáticas.

—¡Animo, Santi –le dijo el bicho–. ¡Ya verás qué bien va todo!

Cuando vio el control le pareció fácil, incluso más fácil que otras veces. Con unos cuantos tirones estaría listo. Seguro que acababa de los primeros.

La señorita Clara se puso de pie, a su lado, cuando acabó de repartir los folios. Le sonrió de una manera encantadora y se quedó allí. Santi también le echó una sonrisita mientras chupaba el lápiz.

Pero la seño no se iba. Y Santi no era capaz de pedir ayuda al memoriápodo. ¿Y si veía la maniobra de meter la mano en el bolsillo y dar el tirón? Estuvo un rato dándole vueltas al examen, sin saber qué hacer.

—¿Es que no empiezas ya, Santi? –preguntó la maestra.

—No seño, todavía no. Es que me gusta antes mirarlo mucho y leer los problemas varias veces. Así me concentro mejor.

Desde luego tenía claro que no iba a arriesgarse. ¿Y si le pasaba lo que a Verónica? Claro, que en su caso, no era propiamente una chuleta; pero, ¿qué pensaría la señorita Clara del bicho? Seguro que se asustaba de él.

La verdad es que no podía acusarle de estar copiando aunque se lo viera. Pero se organizaría un lío igual que cuando lo de Vero. Pensaría que lo había cogido para soltarlo en la clase y meter jaleo.

La maestra seguía plantada junto a su mesa, como un árbol. Y encima no le quitaba ojo intrigada por su tardanza. No le quedaba más remedio que intentarlo sin ayuda.

Comenzó por las sumas y las restas que eran muy largas. Se concentró al máximo.

—Nueve y dos, once y ocho, diecinueve y seis, veinticinco y nueve, treinta y cuatro y me llevo tres...

La verdad es que fue cosa de un par de minutos. ¡Pues no era tan difícil! ¡Lo estaba haciendo sólo y se iba acordando perfectamente!

Dudó un poco únicamente en una multiplicación en la que había un nueve, pero los otros números no se le resistieron.

Vio con asombro que también podía dividir. No estaba muy seguro de si estaba poniendo bien las comas de los decimales. Pero en aquellos momentos, eso, para él, carecía de importancia.

—¿Qué tal vas, Santi? ¿Te parece difícil?

—¡No, seño! ¡Qué va! ¡Está chupao!

Le parecía increíble lo de estar resolviendo aquel montón de cuentas él solo, sin hacer visitas con los dedos al bolsillo... Se daba cuenta de que era capaz de conseguirlo si se centraba en lo que hacía, si lo pensaba un poco.

La señorita Clara se fue hacia su mesa, pero Santi ya no utilizó a Mémor. No le hacía falta.

También los problemas le resultaron sencillos. Uno era de una señora que iba a comprar a una tienda. Estaba claro que había que restar el dinero que valía lo que compraba de lo que tenía en el monedero. Se ve que tanto ir al súper tenía sus ventajas. El siempre volvía con menos dinero del que llevaba, luego había que quitarlo, que restarlo.

La verdad es que acabó de los últimos, pero le daba igual. El caso es que todo estuviera bien hecho. Y de eso estaba seguro.

Al llegar a casa estaba decidido a arriesgarse y así se lo dijo a Mémor.

—Sólo te voy a usar como último recurso. Llevarte conmigo me da una gran seguridad, pero creo que en estos días he aprendido muchas cosas. Una de ellas ha sido que no quiero pasarme la vida dependiendo de ti y debo intentar no aprovecharme de tus poderes. Creo que es una decisión muy importante.

—¡Qué orgulloso me siento de ti, Santi! ¡Lo has conseguido tú solo. Ha sido el esfuerzo de estos días, al meterme a mí la información, unido a todo lo anterior. Has escuchado las explicaciones muchísimas veces en clase, juntos hemos hecho actividades, problemas, resúmenes, ejercicios... y todo eso ha quedado en tu interior también. Te lo has aprendido. Es así de sencillo.

—Quiero hacerlo solo, Mémor. ¿Crees que lo conseguiré?

—¡Naturalmente! ¡Estoy seguro! Pero ahora te toca estudiar de verdad.

El apoyo del memoriápodo animó a Santi. Tenía que ser capaz de aprobar sin ayuda.

Nada más acabar de comer anunció a su madre con toda solemnidad:

—Me voy a mi cuarto y que nadie me moleste. Tengo que estudiar. Mañana es la evaluación de Naturaleza.

—¡Sí, hijo, sí! –dijo Rosa–. ¡Menudo tostón que tenemos ahora con la manía de encerrarte a estudiar que te ha entrado! ¡No te vemos el pelo ni te da el sol! ¡Se te está poniendo cara de acelga!

—Cuando me den las notas, ma, me tendrás que comprar el coche teledirigido como el de Luisito y llevarme a la piscina todos los días...

—Veremos si sobrevives al atracón de libros, que no lo tengo muy claro. Anda, vete ya, pelmazo. Pero no te olvides de salir a merendar. No quiero que te mueras de hambre encima...

Metió a Mémor en el cajón y se puso a estudiar. Nunca le había parecido el libro de Ciencias de la Naturaleza tan hermoso. Conforme iba leyendo se daba cuenta de que su pensamiento iba delante de lo que ponía en sus páginas. Todas aquellas lecciones sobre el cuerpo humano, las plantas y los animales las había oído en clase a su seño, se las había contado el memoriápodo respondiendo a sus tirones de pata, se las había leído él, muchas veces, en los últimos días para que Mémor las almacenara... pero aquella tarde era algo distinto... ¡Y qué bonitos eran los dibujos y las fotografías que venían en el libro! Era como si lo estuviera descubriendo por primera vez y sentía esa curiosidad, ese deleite, esa intriga ante lo desconocido. Pero, por otro lado, tenía la sensación de saber ya todo lo que el libro podía enseñarle. Y esa seguridad de su interior le hacía sentirse muy feliz.

* * *

A la mañana siguiente, en el control de Naturaleza, se acordó perfectamente de las partes de la flor, de la clasificación de los animales vertebrados, de los huesos del cuerpo humano, de qué características tenían los anfibios... en fin; de todo lo que la señorita Clara había preguntado en la hoja.

Unos días después, en el de Sociales, situó correctamente los ríos y las montañas en el mapa que le dio la seño. Y nombró las provincias de las Comunidades Autónomas. También se supo la pregunta de la población de España y explicó la mar de bien lo del movimiento de rotación de la Tierra y lo de los husos horarios.

Y lo mismo le pasó en Lenguaje. Y en Inglés. Claro que se lo había repasado bastante el día anterior al examen, pero estaba hecho un fenómeno.

Y pensaba en lo fácil que iba a ser todo a partir de entonces, desde aquel momento en que descubrió que no necesitaba ningún engaño, que se bastaba a sí mismo.

Y en la alegría que le daba haber conocido al memoriápodo y tenerlo por amigo, pues sin duda había sido él, con su ánimo, sus enseñanzas y su remojón en la lavadora, el que había conseguido que los conocimientos se afianzaran en su cabeza. Estaba seguro.

¡Cuánto tenía que agradecerle!

* * *

La madre de Santi pensaba, sin embargo, que era la señorita Clara la única que había contribuido al cambio de su hijo. Cada vez que el chico volvía contando lo bien que había ido el control, ella pensaba en la manera de darle las gracias.

Le compró una caja de bombones enorme, de las más caras, en una pastelería muy elegante de la Avenida. Se la envolvieron en papel dorado y le pusieron una moña hecha con cinta de seda verde y una etiqueta pequeñita donde podía leerse: «Deseo que te guste».

Se la llevaron el día que fueron a recoger el boletín de notas.

Los resultados fueron tan buenos como esperaban. La señorita Clara, muy fina, dijo que no tenían que haberse molestado. Pero Santi estaba seguro de que le encantó el detalle... y de que los bombones estaban de muerte.

Nunca había visto a la seño tan contenta. Le dio un par de besos al despedirle, entusiasmada.

—Que disfrutes del verano y hasta el curso que viene –le dijo sin dejar de sonreír–. ¡En septiembre nos veremos las caras!

Eso quería decir que seguiría con ella otro curso más. ¡Qué suerte tenía!

9

¡Hasta la vista!

—**V**oy a dejarte. Me tengo que marchar.

Santi dio un respingo al escuchar las palabras del memoriápodo. Acababa de sacarlo del cajón de su escritorio y estaban solos en la habitación.

—¿Qué dices, Mémor? –preguntó.

Pero lo había entendido perfectamente.

—Que me marcho. Que tengo que irme. Ya no me necesitas.

—¿Cómo vas a irte, Mémor? ¡No digas tonterías! ¡Con lo bien que lo pasamos juntos!

—Lo siento mucho, pero me voy. Dentro de unos días tu padre coge las vacaciones y también os iréis vosotros a la playa. Allí no pinto nada. ¿Dónde ibas a esconderme? ¡No te vas a bañar conmigo en el bolsillo! ¡Era lo que me faltaba! ¡Después del agua con detergente, agua de mar!

—¡Pero bueno! ¡Qué tontería! ¡No te iba a llevar conmigo cuando me bañara! Puedes quedarte escondido en la casa...

—¡Ni hablar! –protestó el memoriápodo–. ¡Estoy harto de escondrijos! No pienso dejar que me lleves.

—Pero, ¿qué haré el curso que viene sin ti? ¿Volverás en septiembre?

—No. Ya no te hago falta. Lo tuyo era sólo falta de atención. El despiste, vamos. ¿No has visto cómo, al final, has conseguido esas notazas que te dieron tú solito? Pues al curso que viene pasará lo mismo. La señorita Clara y tú lo lograréis. No necesitas que yo haga de intermediario. Además... –añadió–. Tengo otra misión.

—¿Otra misión, Mémor? ¿Qué quieres decir?

—Pues eso. Que tengo otra misión, otro caso. Debo ayudar a otra persona a que recupere la memoria. Es un viejecito.

—Te recuerdo que no estás en buenas condiciones de ayudar. Te has estropeado y puedes volver a fallar como antes.

—Y yo te recuerdo que ha sido por culpa tuya; o sea, que no me lo digas siquiera porque me pongo enfadadísimo. Y para que lo sepas, salvo con la pata 21, la de los problemas, estoy totalmente curado. Todo lo demás me funciona muy bien. Y a Mariano no le hacen falta las tablas, ni el Lenguaje, ni la Naturaleza. No son conocimientos científicos ni de estudio los que le voy a prestar...

—Pero bueno ¿quién es ese Mariano?

—Un viejo. Un abuelo. ¡Si ya te lo he dicho antes!

—No, si yo lo que quiero saber es por qué tienes que irte con él. Yo también te necesito.

—No digas tonterías. No puede compararse. Ha perdido la memoria y lo han llevado a una clínica para la tercera edad.

—¿Adónde dices?

—A un sitio, como si fuera un asilo, una residencia de viejos averiados. Allí está en tratamiento médico, porque como no se acuerda de casi nada, dicen que está pirao. Lo han separado de su familia.

—¿Y tú puedes arreglarlo?

—¡Pues claro! ¡Eso para mí es mucho más fácil que lo tuyo! ¡Dónde va a parar!

—¿Y por qué es tan necesario que vuelva a recordar las cosas? Si es tan viejo como dices, ya da lo mismo...

—Chico ¡qué tonto eres! ¡Pues para salir de esa residencia y volver con los suyos! ¿No ves que le han metido en ella para que se recupere?

—¿Y no mejora?

—No. Le está tratando un psiquiatra que dicen que es una eminencia, pero para estas cosas del cerebro los memoriápodos somos mucho mejor que los médicos. Y como comprenderás, en estas condiciones, no voy a estar contigo, vagueando sin hacer nada y dejar que pase el resto de su vida allí encerrado. Tengo que ayudarle.

Santi se había quedado muy pensativo.

—Pues sí –dijo al fin–. Lo que le pasa es terrible; tendrás que marcharte. Me imagino lo mal que lo pasaría yo si no pudiera ver más a mis abuelos. ¡Pobre Mariano! ¡Claro que debes ir! ¿Serás capaz de hacerle recordar todas las cosas?

—¡Naturalmente! –replicó Mémor ofendido–. ¿Es que lo dudas?

Lo conseguiré igual que contigo.

—Creo que te das muy poca importancia, Mémor. En estos casos debería saberse que hay unos bichos que os preocupáis de las cosas de la memoria, que ayudáis a la gente cuando les cuesta trabajo recordar...

—¡Quita, quita! ¡Ni hablar! Entonces querrían comercializar nuestros poderes y tendríamos listas de espera de desmemoriados que atender. ¡De eso nada!

—Y luego, ¿qué harás?

—Ya veremos. Una vez que arregle la cabeza de Mariano, habrá otro, y luego otro, y otro... La gente hoy anda fatal, no creas que voy a ir al paro...

—¿Y yo no volveré a necesitarte?

—Pues no. De momento no. Tal vez cuando te hagas viejo, como Mariano, te falle la memoria nuevamente y podamos vernos otra vez. De todas formas no sé si vendré yo o te mandaré un colega. Bueno, si te hago falta volveré. Me caes bien, la verdad, aunque no sé, igual de viejo eres inaguantable...

—Yo también quisiera volver a verte, Mémor.

—Bueno, pues no hay problema. Sólo tenemos que esperar a que seas un abuelete desmemoriado. Estaré al tanto.

* * *

Dos días después, Santi abrió el cajón del escritorio para sacar el memoriápodo por última vez. En esa fecha le había dicho que se iba.

Desde que supo que iban a tener que despedirse había procurado pasar todo el tiempo posible al lado de Mémor. Encerrados en su habitación habían charlado mucho durante largas horas...

—Te llevaré a la residencia donde está Mariano aunque quede lejos. Ya he cogido el autobús varias veces yo solo. Preguntaré cuál es el que puede llevarnos hasta allí.

—No hace falta. Déjame en el descampado donde nos conocimos. Eso será suficiente.

—¿En el solar, Mémor?

—Sí, sí. Llévame al solar donde jugáis al fútbol; donde nos vimos la primera vez.

—Pero ¿cómo vas a quedarte allí solo?

—Pues tan ricamente, oye. Yo tengo mis recursos. No te preocupes, que un ratito después estaré ya con Mariano. Quiero empezar cuanto antes la terapia para conseguir que recobre la memoria.

—Bueno... Lo que tú digas –se resignó Santi.

—Pero no me lleves en la mano, ¿eh?, que hace mucho calor y me agobio.

Por última vez el memoriápodo fue a parar al bolsillo de la camisa de Santi.

Salió sin que le viera su madre que trasteaba por la cocina. Oyó también los balbuceos de Rosi.

Desde el fondo del pasillo, ya con la puerta abierta, le gritó:

—¡Mamá! ¡Que bajo un momento a la calle, que tengo que decirle una cosa a Luis! ¡Vuelvo ahora mismo!

Cerró rápidamente para que su madre no tuviera tiempo de impedírselo.

No esperó siquiera al ascensor.

Fue deprisa hasta el solar. Sentía tener que dejarlo allí y perder a su amigo. Pero Mariano le necesitaba mucho más que él.

Con mucho cuidado lo sacó del bolsillo, se agachó y lo puso sobre una de las piedras blancas que marcaban la portería. Con el dedo índice recorrió varias veces, desde la cabeza del bicho, todos los anillos. Como si lo acariciara...

—Hasta la vista, Santi. Estudia mucho y no te despistes, que los cursos son cada vez más difíciles.

—Gracias por todo, Mémor. Me ha encantado conocerte. Hasta la vista.

Era terrible decirle adiós. Santi tenía ganas de llorar. Le picaban los ojos y tenía como un nudo apretándole la garganta.

—Vuelve a casa –le ordenó el memoriápodo–. Si no te das prisa tu madre se enfadará. Dirá que dónde te has metido. No te entretengas. Hasta la vista.

El niño se levantó, le dio la espalda y se puso a andar. Al instante volvió la cabeza para verle por última vez. Pero ya el animalito había desaparecido de la piedra.

Entonces fue cuando se le escaparon las lágrimas que había estado guardando todo el tiempo.

—¡Hasta la vista, Mémor! ¡Hasta la vista! –decía sollozando.

Tuvo que esperar un rato allí para calmarse y poder volver a su casa.

—¿Qué tal con Luisito? –preguntó Rosa al abrirle la puerta.

—No le he visto. No había nadie –mintió a medias Santi–. Se han debido de ir a la piscina.

—¿Quieres que vayamos nosotros también? Llevas unos días que parece que estás aburrido, siempre por ahí encerrado... Te conviene aire y sol, hijo, que estás muy raro.

—Bueno, si quieres ...

—Podemos estar hasta las tres, que es cuando viene papá. Ya tengo la comida hecha.

—¿Qué hay?

—Ensaladilla rusa. Y luego albóndigas con tomate.

—¡Estupendo! Voy a ponerme el bañador. Si no está Luis, jugaré con Daniel y Pepito, que esos sí que van todos los días.

—¡Vale! Pues yo iré preparando a Rosi. Tendré que llevar un montón de pañales, como siempre...

Al entrar en su cuarto, no pudo evitar dirigirse al cajón del escritorio. Lo abrió, pero naturalmente Mémor no estaba allí. Ni volvería a estar.

Con decisión sacó los trozos de algodón que habían quedado entre los papeles para tirarlos a la basura. Ya no quedaba ni rastro del memoriápodo.

Sólo su recuerdo, inolvidable, en el corazón de Santi.

ÍNDICE

TÍTULOS DE LA COLECCIÓN

1. El guardián de senderos
Concha López Narváez/Carmelo Salmerón

2. La casa de las cuatro chimeneas
Juana Aurora Mayoral

3. Cuando sea mayor
Alfredo Gómez Cerdá

4. Elecciones en Zoolandia
Antonio Manuel Fabregat

5. Un mago de cuidado
Mercé Viana

6. Viaje al país de los cocólitos
Josep Antoni Fluixà

7. Pepo y el delfín rosa
Isabel Córdoba

8. Chilam y los señores del mar
Carlos Villanes Cairo

9. Poli y la bruja majadera
Blanca García Valdecasas

10. Animal de compañía
Montserrat del Amo

11. El extraño Señor de las nubes
Carlos Murciano

12. El memoriápodo
Ana María Romero Yebra

13. Andres y Andrés
Concha López-Narváez

14. Jo, ¡qué fantasma!
Fernando Almela

15. La peseta de Birlibirloque
Lucía Baquedano

16. El enigma de la ciudad del metro
Juan Miguel Sánchez-Vigil

17. El sabio Cirilo
Mercé Viana

18. El canto de las alondras
Juana Aurora Mayoral

19. La masía encantada
Lola Herrero

20. Anadia, la ciudad sumergida
Josep Franco

21. Un brujo que embruja
Mercé Viana

22. La montaña del Cielo
Lola Herrero

23. El País de Arroz con Pasas
Josep Ballester

24. Vuelve el memoriápodo
Ana María Romero Yebra

25. Un reloj muy especial
Josep Antoni Fluixà

26. Un viaje fantástico
Juana Aurora Mayoral

27. Una caja llena de dientes
Teresa Broseta

28. El maestro Ciruela
Fernando Almena

29. Secretos de ida y vuelta
Enric Lluch

30. Los sueños de Khadim
Mercé Viana

31. El vampirillo sin dientes
Mercé Viana